Aktuelles Recht
für die Praxis

Das neue Patientenrechtegesetz

Praxishinweise für Ärzte, Krankenhäuser
und Patienten

von

Prof. Dr. jur. Ute Walter
Rechtsanwältin, Fachanwältin für Medizinrecht,
Außerplanmäßige Professorin der Universität Regensburg

2013

C.H.BECK

www.beck.de

ISBN 978 3 406 65647 7

Wilhelmstraße 9, 80801 München
Druck: Nomos Verlagsgesellschaft
In den Lissen 12, 76547 Sinzheim

Satz: jürgen ullrich typosatz, 86720 Nördlingen

Gedruckt auf säurefreiem, alterungsbeständigem Papier
(hergestellt aus chlorfrei gebleichtem Zellstoff)

Vorwort

Das neue Patientenrechtegesetz ist am 26.2.2013 in Kraft getreten. Die Idee, hierzu den unmittelbar Betroffenen, Behandelnden wie Patienten, „Praxishinweise“ zu geben, resultiert aus der Erfahrung, dass sich die Formulierungskunst eines Gesetzgebers und allgemeine Verständlichkeit nicht immer decken. Die vorgelegte Darstellung strebt an, interessierte juristische Laien über die Schwelle zu heben, die mittels Paragraphen mit ihren Begrifflichkeiten und allerlei Bezügen zum Rechtssystem insgesamt errichtet wird. Im Ergebnis wäre es gut, wenn der Zugang zu den gesetzlichen Neuregelungen, für diejenigen, die täglich damit zu tun haben, erleichtert wird. Im Mittelpunkt steht daher, in diesem Bändchen die Inhalte des Gesetzes unvoreingenommen vorzustellen und nach Auswirkungen für die Praxis zu fragen, und zwar für beide Seiten eines Behandlungsverhältnisses. Um eine Nachprüfung zu erleichtern, ob das nun gesetzlich festgehaltene Anforderungsprofil einer hinreichenden Sicherung der Patientenrechte auch tatsächlich erreicht wird, schließt das Buch mit zwei Checklisten, zum einen für Patientenbelange und zum anderen für Ärzte und Krankenhäuser.

Abschließend möchte ich mich ganz herzlich bedanken bei Frau stud. iur. Gülperi Cakmak, Frau stud. phil. Theresa Mayer, Frau Rechtsanwältin Anna Tsepises und Herrn Dipl.-Kfm. Heiko Miltenberger, die mich vor der Drucklegung kritisch-engagiert und hochmotiviert dabei unterstützt haben, möglichst klare und eindeutige Informationen über das Patientenrechtegesetz an die Leserschaft weiterzureichen.

München, 11.4.2013
Ute Walter

Inhaltsverzeichnis

Abkürzungsverzeichnis

aA	am Anfang
Abs.	Absatz
aE	am Ende
aF	alte Fassung
AG	Amtsgericht
AMG	Arzneimittelgesetz
AMWF	Arbeitsgemeinschaft der Wissenschaftlichen Medizinischen Fachgesellschaften
ApoG	Apothekengesetz
Art.	Artikel
Aufl.	Auflage
AVH	Allgemeine Versicherungsbedingungen für die Haftpflichtversicherung
Az.	Aktenzeichen
BÄO	Bundesärzteordnung
BGB	Bürgerliches Gesetzbuch
BGBl.	Bundesgesetzblatt
BGH	Bundesgerichtshof
BGHZ	Entscheidungen des Bundesgerichtshofs in Zivilsachen
BMV-Ä	Bundesmantelvertrag – Ärzte
BR	Bundesrat
BT	Bundestag
BVerfG	Bundesverfassungsgericht
bzw.	beziehungsweise
CIRS	Critical Incident Reporting System
dh	das heißt
Drs.	Drucksache
e. V.	eingetragener Verein
EBM	einheitlicher Bewertungsmaßstab
EDV	elektronische Datenverarbeitung
ESchG	Embryonenschutzgesetz
evtl.	eventuell
f(f).	fortfolgend(e)
Fn.	Fußnote
FPV	Fallpauschalenverordnung
G.	Gesetz
GenDG	Gendiagnostikgesetz
ggf.	gegebenenfalls
GoA	Geschäftsführung ohne Auftrag
GOÄ	Gebührenordnung für Ärzte

GOZ	Gebührenordnung für Zahnärzte
GPSG	Geräte- und Produktsicherheitsgesetz
HebG	Hebammengesetz
Hs.	Halbsatz
Hüft-TEP-OP	Hüft-Totalendoprothesen-Operation
IGeL	individuelle Gesundheitsleistung
InfSchG	Infektionsschutzgesetz
iS	im Sinne
iSd	im Sinne der, des
iVm	in Verbindung mit
KG	Kammergericht
KHEntgG	Krankenhausentgeltgesetz
KHG	Krankenhausfinanzierungsgesetz
krit.	kritisch
KV	Kassenärztliche Vereinigung
MBO-Ä	(Muster-)Berufsordnung für die in Deutschland tätigen Ärztinnen und Ärzte
MDK	medizinischer Dienst der Krankenversicherung
MedHygV	Medizinhygiene-Verordnung
MedR	(Zeitschrift)
MPG	Medizinproduktegesetz
MVZ	medizinisches Versorgungszentrum
nF	neue Fassung
NJW	Neue Juristische Woche (Zeitschrift)
oÄ	oder Ähnliches
OLG	Oberlandesgericht
OP	Operation
OTA	Operationstechnischer Assistent /-in
PsychEntgG	Gesetz zur Einführung eines pauschalierenden Entgeltsystems für psychiatrische und psychosomatische Einrichtungen (Psych-Entgeltgesetz)
RelKErzG	Gesetz über die religiöse Kindererziehung
Rn.	Randnummer
RÖV	Röntgenverordnung
s.	siehe
S.	Seite
SGB	Sozialgesetzbuch
SGB IX	Sozialgesetzbuch Neuntes Buch – Rehabilitation und Teilhabe behinderter Menschen
SGB V	Sozialgesetzbuch Fünftes Buch – Gesetzliche Krankenversicherung
SGB X	Sozialgesetzbuch Zehntes Buch – Sozialverwaltungsverfahren und Sozialdatenschutz
sog.	sogenannt
StGB	Strafgesetzbuch

TFG	Transfusionsgesetz
TPG	Transplantationsgesetz
Urt.	Urteil
usw	und so weiter
uU	unter Umständen
v.	vom, von
va	vor allem
VersR	(Zeitschrift)
vgl.	vergleiche
vll.	vielleicht
VVG	Versicherungsvertragsgesetz
WBVG	Wohn- und Betreuungsvertragsgesetz
zB	zum Beispiel
ZHG	Gesetz über die Ausübung der Zahnheilkunde
ZPO	Zivilprozeßordnung

1. Abschnitt. Einleitung – Das neue Patientenrechtegesetz

Zum 26.2.2013 ist das Gesetz zur Verbesserung der Rechte von Patientinnen und Patienten[1] in Kraft getreten. Die Bezeichnung des Gesetzes, häufig verkürzt auch „Patientenrechtegesetz" genannt, bildet nur annähernd ab, worum es inhaltlich im Rahmen der nun vorliegenden, vom Bundestag bereits am 29.11.2012 beschlossenen[2] und am 11.1.2013 durch den Bundesrat gebrachten[3] Rechtssetzung geht. 1

Im Vordergrund der nun in diesem Gesetz zusammengefassten Regelungen steht der „Behandlungsvertrag": Wenn sich Patienten von Ärzten entgeltlich behandeln lassen, geschieht dies gewöhnlich im Rahmen einer entweder ausdrücklich vereinbarten oder durch schlüssiges Verhalten zustande gekommenen vertraglichen Beziehung, es sei denn die Umstände (zB die Notfallbehandlung eines Bewusstlosen) verhindern tatsächlich die vorherige Begründung eines Vertragsverhältnisses, etwa weil dem Patienten eine Äußerung nicht möglich ist. 2

Unabhängig vom Vorliegen eines Behandlungsvertrages sind anlässlich ärztlichen Tätigwerdens stets die Rechtsgüter Leben, körperliche Unversehrtheit, Gesundheit und uU auch die Freiheit sowie das Selbstbestimmungsrecht betroffen. Nach unserem Rechtsverständnis bringt eine ärztliche Behandlung, auch wenn sie nach den Regeln der ärztlichen Kunst *(lege artis)* erfolgt, stets einen Eingriff in diese grundrechtlich geschützten Rechtspositionen mit sich. Dies ist nur akzeptabel, wenn der Patient als Inhaber dieser Rechtsgüter mit dem Eingriff tatsächlich einverstanden war, also hierin eingewilligt hat, oder dies mutmaßlich sein konnte. Die genannten Rechtsgüter unterliegen dem sog. Deliktsrecht, also dem Recht der unerlaubten Handlungen. Der Rechtsgutsinhaber Patient genießt Schutz vor schuldhaften widerrechtlichen Eingriffen, deren Unterlassung er verlangen kann bzw. die ihm im Schadensfall Ersatzansprüche gewähren. Das Patientenrechtegesetz ändert jedenfalls an den vorhandenen deliktsrechtlichen Regelungen unmittelbar nichts. 3

Für Patienten und ihre Behandler[4] unverändert maßgeblich bleiben – unabhängig vom Patientenrechtegesetz – rechtliche Vorgaben, die, verstreut in verschiedensten Gesetzen bzw. entwickelt von der höchstrichterlichen Rechtsprechung, bedeutende Aussagen zu Rechten und Pflichten auf beiden Seiten des Behandlungsverhältnisses bereit halten. 4

---

[1] BGBl. I 2013, 277 (G. v. 20.2.2013). – Wenn nachfolgend von Patient bzw. Arzt und/oder Behandelndem die Rede ist, meint dies selbstverständlich beide Geschlechter.

[2] Beschlussempfehlung und Bericht des Ausschusses für Gesundheit (14. Ausschuss), BT-Drs. 17/11710 vom 28.11.2012.

[3] BR-Drs. 7/13 vom 11.1.2013.

[4] Im BGB heißt es nun stets der „Behandelnde".

5 Die vorliegende Darstellung zielt *nicht* auf eine umfassende Bestandsaufnahme *aller* Rechtsnormen, die inhaltlich einen Bezug zu Patientenrechten aufweisen. Sie folgt vielmehr dem Ansatz des Gesetzgebers und wendet sich vornehmlich den Neu-Regelungen zu, die das Patientenrechtegesetz geschaffen hat. Dabei ist es mitunter unerlässlich, einen Vergleich zur bisherigen Rechtslage vor seinem Inkrafttreten zu ziehen: Der Name des Gesetzes spricht immerhin Verbesserungen an, was eine gewisse Neugier weckt, worin diese liegen (werden). Aus diesem Grund richtet sich die Darstellung zu den nun ausdrücklich „geregelten" Patientenrechten in ihrem Fokus auch auf die Änderungen gegenüber der bisherigen Rechtslage.

6 In der Sache sind auch wirkliche inhaltliche Neuerungen zu verzeichnen, die wegen ihrer praktischen Bedeutung, gerade auf Seiten der Behandelnden, in der Sache nicht als unbedeutend abgetan werden sollten. Ob das Patientenrechtegesetz, insgesamt betrachtet, jedoch im Ergebnis nennenswert zu der im Titel suggerierten (weiteren) Verbesserung von Rechtspositionen auf Patientenseite führt, darf jedenfalls für das Arzthaftungsrecht mit Recht bezweifelt werden.

§ 1. Hauptsächliche Regelungsinhalte

I. Behandlungsvertrag als neue Kategorie

Ausdrücklich in das Bürgerliche Gesetzbuch (BGB) aufgenommen wird der nun sog. **Behandlungsvertrag** (§§ 630aff. BGB). Aus Patientensicht hat er eine medizinische Behandlung zum Gegenstand, zu der sich der jeweilige Behandelnde verpflichtet hat. Das Behandlungsverhältnis, das tatsächlich zB mit einem Arzt oder einer Ärztin, etwa einer Gemeinschaftspraxis oder einem medizinischen Versorgungszentrum und/oder mit einem Krankenhaus zustande kommt, beruht in der Regel auf diesem freiwillig geschlossenen Vertrag. 7

Ein „Recht des Behandlungsvertrages" gab es auch bisher schon, auch ohne spezielle Vorschriften im Gesetz: Zivilrechtlich können Verträge mit bestimmten Inhalten jederzeit geschlossen werden. Bisher galt insoweit das allgemeine Zivil- bzw. Vertragsrecht, wozu auch eine etablierte Rechtsprechungspraxis gehörte, die maßgeblich auch vom Bundesgerichtshof ihre höchstrichterlichen Ausprägungen erfahren hat. 8

Nun hat man hierzu – also auf Basis des bereits über die Spruchpraxis der Gerichte erreichten Niveaus – notwendigerweise generalisierend gefasste Regelungen formuliert und in das BGB aufgenommen, und zwar regelungstechnisch als vorrangige *„Spezialregelungen"* zum Dienstvertragsrecht, also zu Regelungen, die bereits einem spezifischen Vertragstyp (dem Dienstvertrag) gewidmet sind. Hieran knüpfen nun die bereits im BGB befindlichen allgemeinen Regelungen an, also welche Rechtsfolgen aus schuldhaften Verletzungen dieser speziellen Vertragspflichten resultieren: Im Haftungsfall sind dies Schadensersatz und Schmerzensgeld. Dieser Akt der Kodifizierung von bisherigem sog. Richterrecht schafft – zumindest theoretisch und offen für zukünftige Gesetzesreformen – auch die Gelegenheit, inhaltliche Verbesserungen einzuführen. 9

Unverändert fort gilt – da keine vom Patientenrechtegesetz aufgegriffene Regelungsmaterie – das anwendbare sog. Arzthaftungsrecht außerhalb von vertraglichen Beziehungen, die zwischen den Behandelnden und ihren Patienten bestehen: Der Schutz von grundrechtlich geschützten Rechtsgütern wie Leben, Körper, Gesundheit, Freiheit und Selbstbestimmungsrecht findet sich zivilrechtlich im Recht der unerlaubten Handlungen (Deliktsrecht). Zu unterscheiden sind hier rechtmäßige Eingriffe von unrechtmäßigen, und daher rechtswidrigen Verletzungen. Letztere führen, wenn sie auf schuldhaften Handlungen verantwortlicher Behandelnder beruhen, auch zu einer Haftung auf Schadensersatz und Schmerzensgeld. 10

II. Beweislastregeln für Ansprüche aus dem Behandlungsvertrag

11 Das bisher „zweigleisige“ Arzthaftungsrecht, das vertraglich wie deliktisch bestimmten rechtlichen Anforderungen unterliegt, erfährt durch das Patientenrechtegesetz gesetzliche Präzisierung *vor allem im Vertragsrecht.* Dort – also im Vertragsrecht – und nur dort formuliert man auch prozessrechtlich relevante – also bei der Durchsetzung von Schadensersatz- und Schmerzensgeldforderungen – sog. Beweislastregeln (§ 630h BGB) aus. Bekanntlich finden in Arzthaftungsprozessen zur Herstellung der „Waffengleichheit“ zwischen dem medizinischen Laien als Kläger und dem mit überlegenem Fachwissen ausgestatteten Arzt auf Beklagtenseite kraft höchstrichterlicher Rechtsprechung diverse Beweiserleichterungen bis hin zur sog. Beweislastumkehr Anwendung: Nach herkömmlicher prozessualer Regel hat der Kläger alle anspruchsbegründenden Tatsachen zu beweisen. Dies ist stets dann korrekturbedürftig, wenn der Patient ohne medizinische Expertise mangels Einblick in oder bewusster Teilhabe an bestimmten Behandlungsschritten nicht „auf Augenhöhe“ argumentieren kann. Der Gesetzgeber hat nun auch diese verfahrensrechtlichen prozess-strategisch wichtigen Positionen ausdrücklich formuliert.

III. Flankierende Gesundheitspolitik

12 Weiter ergreift der Gesetzgeber des Patientenrechtegesetzes, wie inzwischen häufig, die Chance, anlässlich dieses vorrangigen Regelungsziels, weitere, für vorteilhaft erachtete Einzelregelungen unterzubringen, die im Verhältnis Behandelnder – Patient zusätzlich relevant werden können:

13 Konkret geht es um förderliche Rahmenbedingungen für eine „Fehlervermeidungskultur“, eine Stärkung von Rechten gegenüber Kostenträgern wie den gesetzlichen Krankenkassen und eine stärkere Betonung erforderlicher Kommunikation zwischen Leistungserbringern und den Patienten insgesamt (zB Beschwerdemanagement, Patientenbeteiligung).

§ 2. Bedeutung im Rechtssystem

Nach einer mit Inkrafttreten des Patientenrechtegesetzes im BGB leicht nachlesbar und abschließend zusammengefassten Auflistung aller Rechtspositionen, auf die sich gesetzlich wie privat versicherte Patienten in Deutschland berufen können, wird man jedoch vergeblich suchen. 14

I. Bezüge zu sonstigen speziellen medizinrechtlich relevanten Vorgaben

Hier verbleibt es dabei, dass – neben den nun neuerdings im BGB wörtlich nachprüfbaren Regelungen zum Behandlungsvertrag – diverse sog. Spezialgesetze im Medizinrecht (zB Apothekengesetz (ApoG), Arzneimittelgesetz (AMG), Medizinproduktegesetz (MPG), Transfusionsgesetz (TFG), Transplantationsgesetz (TPG)) zu den Patientenrechten weitere wichtige und zum Teil zwingende Vorgaben enthalten. Materiell dienen dem Patientenschutz natürlich auch Normen, die dem allgemeinen Zivil- wie Strafrecht zuzurechnen sind, die zB für Minderjährige oder Betreute gelten bzw. eine Blutentnahme betreffen. All diese ohnehin bereits in Kraft befindlichen Regelungen gelten selbstverständlich unverändert fort. 15

Weiter ist es, wenn man – im Überblick – von der rechtlichen Stellung eines Patienten ein umfassendes Bild gewinnen will, förderlich, sich auch insbesondere dem gesetzlich versicherten Patienten und seinen Rechtspositionen nach dem SGB V, bzw. wenn es ein pflegebedürftiger Patient ist, nach dem SGB IX, zuzuwenden. Annähernd 90% der Patienten in Deutschland sind gesetzlich krankenversichert.[5] Auch hier hat der Normgeber des Patientenrechtegesetzes punktuell steuernd eingegriffen, vor allem durch die nun festgeschriebene grundsätzliche Verpflichtung der *gesetzlichen* Krankenkassen, ihre Versicherten bei der Verfolgung von Schadensersatzansprüchen aus Behandlungsfehlern zu unterstützen. 16

Im Patientenrechtegesetz, insgesamt betrachtet, dominiert deutlich das vertragliche Arzthaftungsrecht, das nun kodifiziert wurde. Der Gesetzgeber stellt im Gesetz, auch wenn ihm dies möglich gewesen wäre, keine weiteren Informationen zu seinem Verständnis von Patientenrechten oder gar zu deren Stellung im gesamten deutschen Rechtssystem zur Verfügung. Was genau „Patientenrechte" sind oder zB zu welcher grundrechtlichen Rechtsposition sie eine Ausprägung bilden, wird nicht näher 17

---

[5] http://www.gkv-spitzenverband.de/krankenversicherung/krankenversicherung_grundprinzipien/alle_gesetzlichen_krankenkassen/alle_gesetzlichen_krankenkassen.jsp: 70 Millionen gesetzlich Krankenversicherte in Deutschland (Stand: Januar 2013).

definiert bzw. mitgeteilt. So verbleibt nur die Feststellung, dass man inhaltlich offenbar jedenfalls die Integration von sog. Risk-Management und Fehlervermeidungssystemen dem Themenkreis Patientenrechte zugeordnet hat. Hierzu hat man nun – über das Patientenrechtegesetz – neue Vorschriften im Recht der Gesetzlichen Krankenversicherung platziert, obwohl hier auch, wenn einer potenziellen Haftung vorgebeugt werden soll, arzthaftungsrechtliche Bezüge nicht von der Hand zu weisen sind.

II. Ergänzende Aspekte zur Rechtsposition des Patienten im deutschen und europäischen Gesundheitswesen

18 Patientenrechte sind also, unabhängig von den Neu-Regelungen des Patientenrechtegesetzes, auch anderweitig in unserer Rechtsordnung normiert. Im vorgegebenen Rahmen kann hierzu keine abschließende Darstellung erfolgen: Man müsste sowohl isoliert auf das deutsche wie auch insgesamt auf das europäische Gesundheitswesen schauen. Dies würde zB erfordern, das gesamte Recht der Gesetzlichen Krankenversicherung im SGB V danach zu durchforsten und systematisch entsprechend aufzubereiten. Selbstverständlich müsste man auch alle anderen, im Rechtssystem verteilten Quellen des Medizinrechts (insbesondere auch das Datenschutzrecht) entsprechend prüfen. Hinzu käme zur Abrundung des gewonnenen Bildes der Blick auf andere europäische Rechtsordnungen. Außer Frage steht, dass durch die Neuregelungen des Patientenrechtegesetzes Problemstellungen berührt werden, die sehr wohl praxisrelevante Querbezüge zum „sonstigen Recht im Gesundheitswesen“ aufweisen. Dies wird einer zukünftigen und wesentlich ausführlicheren Aufarbeitung vorbehalten bleiben müssen.

§ 3. Inhaltliche Schwerpunkte der Darstellung

Die nachfolgende Darstellung beschränkt sich darauf, die neuen gesetzlichen Regelungen inhaltlich vorzustellen und ihre rechtliche Bedeutung, soweit bereits absehbar, fassbar zu machen. Herausgearbeitet werden soll insbesondere, was denn nun angesichts der bisherigen Rechtsprechungs-Praxis zum Behandlungs- und Arzthaftungsrecht, die in das Gesetz Eingang finden sollte, eigentlich **neu** ist. Aufmerksamkeit wird dabei vor allem der konkreten wörtlichen Umsetzung in den Gesetzestext gewidmet, inwiefern sich hier Bewährtes findet oder doch neue Ansätze verfolgt werden. **19**

Meinen Part verstehe ich dabei gleichwohl nicht als politisch motivierte Abrechnung mit oder gar Generalkritik zu dem „Torso"-Konzept des Patientenrechtegesetzes als solchem, auch wenn es hierzu Einiges zu sagen gäbe. Auch werde ich hier nicht ausführen, wie es zu bewerten sein mag, dass ein „Härtefall"-Fonds nun (vorerst?) doch nicht eingeführt wurde. Schließlich verfolgt dieses Buch nicht das Ziel, Verbesserungsvorschläge für ein als „gerechter" empfundenes Arzthaftungsrecht (zB weg vom Alles-oder-Nichts-Prinzip hin zur Proportionalhaftung) zu unterbreiten oder zu diskutieren; es wird hier kein juristisches Lehrbuch vorgelegt. **20**

Im Vordergrund stehen soll vielmehr die – hoffentlich – einem juristischen Laien verständliche Information über die Inhalte der neuen gesetzlichen Regelungen, sei es auf Patientenseite oder auf Seiten des bzw. der Behandelnden, und zwar von einer „neutralen Beobachterposition" aus. Nicht immer ist ein Gesetzestext aus sich heraus verständlich. Dabei unternehme ich den Versuch, wenn es sich aufdrängt oder wenn es mir erforderlich erscheint, den Blick auf das Medizinrecht als Ganzes zu öffnen: Patienten wie Behandelnde begegnen sich rein rechtlich, dh isoliert betrachtet, auf vertraglicher und deliktischer Ebene, wobei aber der Versicherten-Status des Patienten, die Berufshaftpflicht der Behandelnden und unser System der Gesetzlichen wie Privaten Krankenversicherung ebenso eine Rolle spielen können wie arzt-berufsrechtliche, verwaltungsrechtliche, straf- und nebenstrafrechtliche Aspekte. **21**

Außer Frage steht, dass das Behandlungs-„Verhältnis" vorrangig von den Möglichkeiten wie Erfordernissen der modernen Medizin geprägt wird – und das Recht nur den Rahmen für eine dem Patienten als Menschen zugewandte Behandlung nach den Regeln der ärztlichen Kunst schafft. Auf die das Behandlungsverhältnis stark prägenden Faktoren wie Gesprächs- bzw. Kommunikations-Psychologie, soziales Umfeld usw. wird daher, selbst wenn dies im Einzelfall auch rechtlich zur Obliegenheit werden kann, nicht eingegangen. Sich dieser Aspekte vertieft anzunehmen, ist bei anderen Berufsgruppen als der meinen besser aufgehoben. **22**

23 Ich will den Lesern nicht vorenthalten, dass ich als Fachanwältin für Medizinrecht, soweit ich mit dem Arzthaftungsrecht befasst bin, Behandelnde vertrete und die in diesem Zusammenhang gewonnenen Erfahrungen, ob und wie unser Recht hier befriedend wirken kann oder nicht, bei meinen Ausführungen unbeabsichtigt, aber wohl unvermeidbar auch einfließen. Angestrebt wird eine objektive Darstellung, keine einseitige Beleuchtung. Sie adressiert daher *ausdrücklich nicht Fachanwälte im Medizinrecht und Justitiare,* sondern die unmittelbar Betroffenen gleichermaßen: Patienten wie Behandelnde. Damit sie – auf den neuesten Stand gebracht – wissen, was „ihre Rechte" und hierzu korrespondierend „ihre Pflichten" sind.

24 Diesem Ziel dient nicht zuletzt das Schlusskapitel, in dem **Checklisten** zur Durchsetzung von Ansprüchen von Patienten sowie zu einem an Behandelnde gerichteten vorbeugenden Qualitätsmanagement für Patientenrechte zu finden sind, die die neue Rechtslage seit Inkrafttreten des Patientenrechtegesetzes abbilden.

2. Abschnitt. Regelungen zum Behandlungsvertrag

Bevor die Inhalte und der jeweiligen Bedeutungsgehalt der neuen Rechtsvorschriften näher dargestellt werden, mag der nachfolgende Überblick einer ersten Orientierung dienen: 25

§ 1. Überblick zu den neuen Paragraphen

26 Der Gesetzgeber hat sich dafür entschieden, in das BGB den nun sog. „Behandlungsvertrag“ aufzunehmen. Neu sind also:

I. Primärpflichten

27 Regelungen zu den „vertragstypischen Pflichten“ eines solchen Vertrages, also welche **gegenseitigen hauptsächlichen Verpflichtungen** einen solchen Vertrag kennzeichnen (§ 630a BGB).

28 In einer sich anschließenden Vorschrift (§ 630b BGB) wird auf weitere, auf den Behandlungsvertrag in Einzelfällen anwendbare Vorschriften des Dienstvertragsrechts (§§ 611ff. BGB) verwiesen, auf die unter bestimmten Voraussetzungen hilfsweise oder in Zweifelsfällen zurückgegriffen werden kann.

- Keine spezifische Regelung ist zum Thema „Verletzung“ von Behandlungsvertragspflichten vorgehalten (zB was gilt bei einem schuldhaften Behandlungsfehler); dies bedeutet aber nicht, dass es hierzu keine Normen gäbe. Im Einklang mit der rechtlichen Systematik im BGB gelten insoweit die allgemeinen, bei (auch anderen) Vertragspflichtverletzungen geltenden Regelungen aus dem sog. allgemeinen Schuldrecht (va § 280 BGB einschließlich § 278 BGB zur Mithaftung für sog. Erfüllungsgehilfen wie zB ärztliches Hilfspersonal); dasselbe gilt für die hieraus erwachsenden Rechtsfolgen wie zB Schadensersatz und Schmerzensgeld, die dem allgemeinen Schadensersatzrecht (§§ 249ff. BGB) zu entnehmen sind.

II. Sekundärpflichten

29 Regelungen zu den **vertraglichen Nebenpflichten,** die dem Behandelnden aus einem Behandlungsvertrag in zweiter Linie (sekundär) erwachsen, sowie hierauf bezogene Rechtspositionen des Patienten:

- Gegenseitige *Mitwirkungspflichten* (§ 630c Abs. 1 S. 1 BGB), sog. *Informationspflichten* des Behandelnden (§ 630c Abs. 2, Abs. 4 BGB), insbesondere die Pflicht des Behandelnden zur sog. wirtschaftlichen Information des Patienten (§ 630c Abs. 3, Abs. 4 BGB).
- *Aufklärungspflichten* des Behandelnden angesichts eines Eingriffs in den Körper oder die Gesundheit des Behandelnden (§ 630e Abs. 1, Abs. 2, Abs. 3, Abs. 4, Abs. 5 BGB).
- *Pflicht* des Behandelnden *zur Einholung der Einwilligung des Patienten* (§ 630d Abs. 1 und 2 BGB) sowie ein hierzu korrespondierendes Recht des Patienten auf Widerruf der Einwilligung (§ 630d Abs. 3 BGB).

- *Dokumentations- und Aufbewahrungspflichten* des Behandelnden (§ 630f BGB) sowie hierzu korrespondierend das Recht des Patienten bzw. seiner Erben und nächsten Angehörigen auf Einsichtnahme in die sog. Patientenakte.

III. Beweislastregeln

Besondere **Regelungen zur Beweislast** für Behandlungs- und Aufklä- **30**
rungsfehler (§ 630h BGB), im Einzelnen zu:

- Verwirklichung eines sog. voll beherrschbaren Behandlungsrisikos (§ 630h Abs. 1 BGB),
- Vorliegen oder Fehlen ordnungsgemäßer gesetzlich vorgeschriebener Dokumentation der Aufklärung und/oder Einwilligung (§ 630h Abs. 2 S.1, Abs. 2 S. 2 BGB),
- Sonstiges Dokumentationsversagen wie unterbliebene Dokumentation wesentlicher medizinischer Maßnahmen bzw. ihres Ergebnisses oder Verlust der Patientenakte (§ 630h Abs. 3 BGB),
- Fehlende fachliche Befähigung des Behandelnden (§ 630h Abs. 4 BGB),
- Beweislastumkehr, dh Vermutung der Ursächlichkeit für eingetretene Verletzung des Körpers oder der Gesundheit: Sog. grober Behandlungsfehler und einfach fehlerhaft unterlassene Befunderhebung/-sicherung (§ 630h Abs. 5 S. 1, Abs. 5 S. 2 BGB).

§ 2. Der Behandlungsvertrag nach § 630a Abs. 1 BGB

31 Aus Anlass der Durchführung einer medizinischen Behandlung wird regelmäßig ein sog. Behandlungsvertrag geschlossen. Hierzu kommt es nur dann nicht, wenn der Patient, zB bei einem Notfall infolge Bewusstlosigkeit, selbst nicht dazu in der Lage ist, eine rechtlich relevante Willenserklärung abzugeben, die auf einen solchen Vertragsabschluss gerichtet ist.[6]

32 § 630a BGB Vertragstypische Pflichten beim Behandlungsvertrag

(1) Durch den Behandlungsvertrag wird derjenige, welcher die medizinische Behandlung eines Patienten zusagt (Behandelnder), zur Leistung der versprochenen Behandlung, der andere Teil (Patient) zur Gewährung der vereinbarten Vergütung verpflichtet, soweit nicht ein Dritter zur Zahlung verpflichtet ist.

(2) Die Behandlung hat nach den zum Zeitpunkt der Behandlung bestehenden, allgemein anerkannten fachlichen Standards zu erfolgen, soweit nicht etwas anderes vereinbart ist.

I. „Normalfall“ als gesetzgeberischer Ausgangspunkt

33 Die Neuregelung in § 630a Abs. 1 BGB regelt den „Normalfall“, in dem eine voll geschäftsfähige volljährige Person Patient ist und *mit einem Behandelnden* einen Vertrag über eine medizinische Behandlung abschließt.

- Unter welchen Voraussetzungen der Behandlungsvertrag mit einem Minderjährigen wirksam zustande kommt, bestimmt sich nach allgemeinen zivilrechtlichen Vorgaben: Ein Kind unter sieben Jahren könnte eine vertragliche Bindung von sich aus nicht wirksam begründen. Rechtlich anders beurteilt es sich ab dem siebten Lebensjahr (also ab Vorliegen sog. beschränkter Geschäftsfähigkeit) – praktisch relevant wird dies, wenn Kinder zB in der Pubertät allein einen Arzt aufsuchen:[7] Hier kann der Behandlungsvertrag erst dann wirksam zustande

---

[6] Die Behandlung erfolgt dann zunächst als sog. Geschäftsführung ohne Auftrag (GoA – § 677 BGB). Der Behandelnde, der im Notfall gleichwohl eine medizinische Behandlung an einem (bewusstlosen) Patienten durchführt, unterliegt rechtlich gleichwohl Pflichten: Er hat „das Geschäft“, hier also die Durchführung der medizinischen Behandlung, so zu führen, wie das Interesse des Geschäftsherrn, hier also des Patienten, mit Rücksicht auf dessen wirklichen oder mutmaßlichen Willen es erfordert. Hier wird der Behandelnde so zu handeln haben, wie wenn ein entsprechender Behandlungsvertrag nach § 630a BGB hätte geschlossen werden können. Bei einer GoA kann der Behandelnde schließlich vom Patienten Ersatz der ihm entstandenen Aufwendungen verlangen – in der Sache ist dies die übliche Vergütung (Näheres hierzu Rn. 65 ff.).

[7] In der Regel kommt der Vertrag über die Behandlung minderjähriger Kinder als Vertrag zugunsten Dritter zustande: Die gesetzlichen Vertreter vereinbaren unmittelbar mit dem Arzt das Behandlungsverhältnis, woraus dann das Kind einen unmittelba-

kommen, wenn die gesetzlichen Vertreter des Kindes, also die sorgeberechtigten Eltern oder eben der ggf. allein sorgeberechtigte Elternteil, dem zustimmen oder dies genehmigen, da die entstehende Vergütungsverpflichtung einen rechtlichen Nachteil für das Kind bedeutet. **Ärzte sollten sich daher in diesen Konstellationen im Zweifelsfall stets rückversichern, ob die Eltern mit dem Arztbesuch als solchem einverstanden sind.**[8]

- Der Behandlungsvertrag kann (und wird regelmäßig bei jüngeren Kindern) auch als sog. Vertrag zugunsten Dritter geschlossen werden, zB die Eltern als gesetzliche Vertreter eines sechsjährigen Kindes lassen sich dessen medizinische Behandlung vom behandelnden Arzt zusagen. Das begünstigte Kind hat dann, obwohl am Vertragsabschluss nicht beteiligt, einen Rechtsanspruch auf Durchführung der Behandlung.
- Bei einem volljährigen Erwachsenen, bei dem zB wegen Demenz die Geschäftsfähigkeit zweifelhaft ist, kann nur der gesetzliche Vertreter, sein Betreuer mit dem Aufgabenkreis „Gesundheitsangelegenheiten“ oder, falls vorhanden, sein entsprechend Vorsorgebevollmächtigter, den Behandlungsvertrag wirksam schließen.

„Gesetzlicher Regelfall“ ist offenbar der privat versicherte Patient, **34**
also der „Selbstzahler“.

Im Gesetz erwähnt ist aber auch, eigentlich als Sonderfall *(„soweit* **35**
nicht (...)“), dass ein Dritter, regelmäßig die Gesetzliche Krankenversicherung wegen des Sachleistungsprinzips, zur Zahlung verpflichtet ist. Bei **gesetzlich versicherten Patienten** kommt der Behandlungsvertrag zwar auch zwischen dem Patienten und dem Behandelnden als vertragsschließenden Parteien zustande, jedoch mit dem Unterschied, dass die Pflicht zur Gewährung der vereinbarten Vergütung ganz oder teilweise von der Krankenkasse übernommen[9] wird (sog. Behandlungsdreieck).

- Recht*statsächlich* – bei einer Quote von etwa 90% gesetzlich Versicherter in Deutschland – dürfte der Sonderfall häufiger gegeben sein: Der gesetzliche Versicherte erhält regelmäßig vom Behandelnden (Leistungserbringer) keine Rechnung; vielmehr hat er aufgrund seines Versichertenstatus einen Anspruch auf tatsächliche Inanspruchnahme

---

ren Rechtsanspruch auf Behandlung erhält, ohne selbst zur Entrichtung des Honorars verpflichtet zu sein, wozu sich nur die vertragsschließenden Eltern verpflichtet haben.

[8] Dies gilt nur bei Privatpatienten, s. Fn. 9.

[9] Bei minderjährigen Kindern, die regelmäßig über einen gesetzlich versicherten Elternteil mitversichert sind, entsteht zulasten des beschränkt geschäftsfähigen Kindes keine (iSd § 107 BGB) rechtlich nachteilige Zahlungsverpflichtung; die Krankenkasse ist zur Kostentragung verpflichtet. Hier hat der Vertragsarzt keinen Anlass nachzufragen, ob die Eltern mit dem Arztbesuch einverstanden sind, sofern die Versichertenkarte mitgebracht wird. – Vgl. hierzu die Situation bei Privatpatienten, s. Rn. 33.

von Leistungen der Gesetzlichen Krankenversicherung, welche die Krankenkasse schließlich dem Leistungserbringer – hier: dem Behandelnden – vergütet.

- Vereinbaren gesetzlich versicherte Patienten mit ihrem Behandler, einem Arzt, eine sog. *individuelle Gesundheitsleistung (IGeL),* also eine ambulante Behandlung, die nicht dem gesetzlichen Leistungskatalog in der Gesetzlichen Krankenversicherung unterfällt, handelt es sich also um den Regelfall des § 630a BGB, da hier die Gesetzliche Krankenversicherung gerade nicht zur Zahlung verpflichtet ist. Obwohl der Behandlungsvertrag nach § 630a BGB formlos gültig ist, ist hier § 3 Abs. 1 S. 3 BMV-Ä zu beachten. **Eine Zahlungspflicht des Patienten entsteht also nur bei Einhaltung der Schriftform.**[10]

36 Das Gesetz geht von **zwei Vertragsparteien** *als Regelfall* aus: Dem sog. Behandelnden und dem Patienten.

- Nicht ausgeschlossen ist gleichwohl, dass es per se mehrere Behandelnde gibt, die **gleichzeitig als Behandlungs-Team (und damit Gesamtschuldner) verpflichtet** sind. Beispiel: Patient begibt sich zu einer ärztlichen Gemeinschaftspraxis in Behandlung.
- Rechtstatsächlich kann es so sein, dass **zeitlich parallel mehrere Behandlungsverträge** mit verschiedenen Behandelnden vorliegen, die dieselbe Zielrichtung ein- und desselben medizinischen Behandlungsfalles haben (zB Totaler Krankenhausaufnahmevertag und Chefarzt-Zusatzvertrag).
- Auch wenn die Krankenkasse, der ein gesetzlich versicherter Patient angehört, ihrer Pflicht zur Gewährung der Vergütung an den Behandelnden nachkommt, wird sie dadurch nicht weiterer (dritter) Vertragspartner. In der Sache übernimmt die Krankenkasse, soweit sie der Höhe nach eintritt, in dieser Konstellation nur die Zahlungs-Schuld des versicherten Patienten.

II. Vertragsinhalt – Allgemeine Reichweite

37 Der Behandelnde verspricht dem Patienten nach § 630a Abs. 1 BGB **die Leistung** der versprochenen Behandlung. Nicht ausdrücklich versprochen wird dem Patienten ein Behandlungs*erfolg,* also tatsächliche Heilung oder Leidenslinderung, auch wenn das Bemühen des Behandelnden schon nach den Grundsätzen ärztlicher Kunst *(lex artis)* hierauf gerichtet ist. Letzteres stellt auch § 630a Abs. 2 BGB klar: In Ausnahmefällen kann auch etwas anderes wirksam vereinbart sein, im „Normalfall" haben wir es beim Behandlungsvertrag mit einer Sonderform eines sog. Dienstvertrages zu tun, dh der Behandelnde schuldet nur die Leistung seiner Dienste (= der konkret vereinbarten medizinischen Behandlung).

---

[10] Hierzu auch Rn. 56ff.

- Selbstverständlich kommt es stets auf die konkrete Vereinbarung an: Gerade im **zahnärztlichen** Bereich (zB Zahnlaborleistung) wird es daher bisweilen zum Abschluss eines sog. Werkvertrages kommen, bei dem ein konkreter **Erfolg** (zB Fertigung und Anpassung eines „passenden" Inlays) geschuldet ist. Ob ein konkreter Erfolgseintritt vereinbart wurde, bedarf *im Zweifelsfall* der Auslegung (§ 157 BGB).

Die Reichweite des Behandlungsvertrages ist inhaltlich – vorbehaltlich des § 630a Abs. 2 BGB (s. unten) – nicht eingeschränkt, sodass hier im Einzelnen sowohl eine **ambulante** als auch (und/oder) eine **stationäre** medizinische Behandlung sowie auch **nicht-ärztliche, von entsprechend qualifiziertem Personal** erbrachte medizinische Behandlungen einbezogen sein können. **38**

Auf die **stationäre Behandlung** ist nachfolgend kurz näher einzugehen. In ihrem Rahmen entscheidet sich anlässlich der Krankenhausaufnahme des Patienten zur medizinischen Behandlung der im Einzelfall vereinbarte Leistungsinhalt. **39**

- Je nach Vereinbarung findet der jeweilige Patient Aufnahme in die Hauptabteilung oder eine Belegabteilung eines Krankenhauses. Auch zur stationären Behandlung zählt die sog. prä- und poststationäre Behandlung (vgl. bei gesetzlich Versicherten § 115a SGB V), die zeitlich in unmittelbarem Zusammenhang zum eigentlichen Anlass der stationären Behandlung steht.
- Ausweislich der Gesetzesbegründung enthält die *„Zusage medizinischer Behandlung"* **durch den Krankenhausträger als „Behandelnden"** generell auch die Pflicht zur allgemeinen ordnungsgemäßen Organisation, iS einer sachgerechten Koordinierung der Arbeitsabläufe (Kompetenzbereiche, Vertretung, operative Anforderungen und Standardmedikation, Gerätesicherheit, Hygiene sowie Notfallmanagement) sowie des Personaleinsatzes (ärztlich wie nicht-ärztlich) hinsichtlich dessen Anweisung und Überwachung. Wie weit bzw. worauf sich diese Pflichten erstrecken, hängt wiederum (teilweise) vom vereinbarten Leistungsinhalt ab. Die **Schnittstellen der Verantwortlichkeiten** bei horizontaler wie vertikaler Arbeitsteilung liegen zwar nicht immer an denselben Stellen, sind aber organisatorisch bei jedem Vertragstyp, der innerhalb des Krankenhauses zum Abschluss kommt, (Hauptabteilungsbehandlung oder Belegabteilung) zu bedenken.
- Welche medizinische Behandlung seitens des Krankenhauses zugesagt wird, richtet sich auch in der Zukunft nach den bisher insoweit üblichen typischen Modellen (zB totaler (einheitlicher) Krankenhaus(aufnahme)vertrag, totaler Krankenhaus(aufnahme)vertrag mit Arzt-Zusatzvertrag bzw. gespaltener Krankenhaus(aufnahme)vertrag).
- Beim sog. **totalen Krankenhausvertrag** verpflichtet sich der Krankenhausträger, alle im Rahmen der stationären Behandlung erforderli-

chen Leistungen einschließlich vollständiger ärztlicher Versorgung, zu erbringen.

- Bei Behandlung im Krankenhaus kraft Behandlungsvertrages mit dessen Träger kann, zB anlässlich des Abschlusses der Wahlleistungsvereinbarung „Chefarztbehandlung“, wenn der Zusagende der Chefarzt selbst ist, ein weiterer Behandlungsvertrag hinzutreten, hier: Der sog. Arztzusatzvertrag mit dem Chefarzt. Zu beachten ist in diesen Fällen, dass kraft Vertragsschluss jeder Behandelnde vollumfänglich seinen vertraglichen Pflichten gegenüber dem Patienten nachkommen muss.

- ***Wichtig:*** Wegen der gewählten Anbindung der Regelung in § 630a BGB an die Rechtstatsache des Vertragsschlusses ergibt sich für alle (!) Behandlungsverträge des Krankenhauses (als die Behandlung zusagend) das kennzeichnende Merkmal, dass der **die medizinische Behandlung *Zusagende*** mit den **die medizinische Behandlung *Durchführenden*** (vor allem relevant: Bei Ärzten und ärztlichem Hilfspersonal) nicht identisch ist. Die gesamten Regelungen in den §§ 630a ff. BGB sind daher bei Behandlungsverträgen, die der Krankenhausträger geschlossen hat, immer unter Berücksichtigung dieser Konstellation zu lesen. Man muss sich also stets „hinzudenken“, dass der (rechtlich) „Behandelnde“ und der tatsächlich Behandelnde *faktisch nicht ein und dieselben handelnden Personen* sind – und dies auch nicht sein müssen.
- Zum sog. gespaltenen Krankenhausvertrag kommt es, wenn der Patient anlässlich seiner stationären Aufnahme von einem sog. Belegarzt versorgt wird. Beim sog. **gespaltenen Krankenhausvertrag** verpflichtet sich der Krankenhausträger, die Krankenhausversorgung – außerhalb des Zuständigkeits- und Verantwortlichkeitsbereichs des Belegarztes – sicherzustellen. Dies umfasst die Unterbringung, Verpflegung, Vorhaltung und Wartung erforderlicher technisch-apparativer Einrichtungen und die gesamte Betriebsablauforganisation, also den Einsatz erforderlichen nicht ärztlichen Hilfspersonals, die organisatorische Sicherstellung erforderlicher Anweisungen an den Pflegedienst und an nachgeordnete Ärzte sowie die erforderliche Sicherstellung der Weiterbehandlung des Patienten durch Ärzte außerhalb des Fachbereichs des Belegarztes. – Mit dem Belegarzt wird parallel hierzu auch ein Behandlungsvertrag iSd § 630a BGB geschlossen.
- ***Wichtig:*** Sobald *anlässlich derselben* medizinischen Behandlung mit mehr als einem Behandelnden ein Behandlungsvertrag iSd § 630a BGB geschlossen wird (wie zB beim Krankenhausaufnahmevertrag und dem Arzt-Zusatzvertrag), kann es sinnvoll sein, vorab – generell – eine Verantwortungsabgrenzung zu den zu jedem Vertrag entstehenden vertraglichen Nebenpflichten (zB Dokumentationspflichten) vorzunehmen. Tatsächlich überschneiden sich diese Pflichten regelmäßig. **Es empfiehlt sich, dass sich die Behandelnden (zB Krankenhaus-**

träger und Belegarzt) im Vorfeld abstimmen, schon wegen der damit für jede Vertragspartei verbundenen beweis- und haftungsrechtlichen Risiken.

- Auch **Art und Inhalt** der jeweils vereinbarten medizinischen Behandlung spielt – soweit kein gesetzliches Verbot (§ 134 BGB) tangiert oder die Grenze zur Sittenwidrigkeit (§ 138 BGB, auch iVm § 228 StGB) überschritten ist – keine Rolle, sodass kraft entsprechender Vereinbarung inhaltlich zB auch Neuland- oder Außenseitermethoden ebenso dazugehören können[11] wie etablierte Therapiemethoden.
- Innovative Therapien bzw. Methoden erfordern jedoch nach § 630a Abs. 2 BGB eine ausdrückliche Klärung des jeweils individuell vereinbarten „Behandlungsstandards", da allgemeinverbindliche Üblichkeiten hier fehlen.

Die vereinbarte **Gegenleistung** aus dem Behandlungsvertrag ist die 40 hierzu grundsätzlich zwischen Behandelndem und Patient vereinbarte Vergütung,[12] wobei bereits im Gesetz die „Variante" vorgesehen ist, dass ein Dritter die Zahlung der geschuldeten Vergütung übernimmt. Letzteres gilt entweder (vgl. Behandlungsdreieck, Rn. 35) kraft Gesetzes oder müsste ausdrücklich vereinbart worden sein, wobei dann die zivilrechtlich einschlägigen Regelungen der Schuldübernahme eingreifen. Eine solche Schuldübernahme ist nur dann wirksam, wenn der Gläubiger, hier also der Behandelnde, sie genehmigt (§§ 414, 415 BGB).

- Theoretisch denkbar ist auch, dass der Behandelnde aus (reiner) **Gefälligkeit** tätig wird, zB der Arzt erteilt seiner Rechtsanwältin, die nicht seine Patientin ist, Tipps zu ihrer Diabeteserkrankung, als sie ihn nach einem für ihn gewonnenen Prozess um Rat bittet. Eine rechtliche Verbindlichkeit wurde in diesem Falle von beiden Seiten nicht angestrebt. – Dies ist zu unterscheiden von der – sehr wohl den Regeln zum Behandlungsvertrag unterliegenden – *unentgeltlichen Behandlung,* die Ärzte im Einklang mit den Vorgaben des Berufsrechts[13] in Einzelfällen minder bemittelten Patienten oder ihren Verwandten zuteil werden lassen dürfen.

Ein Behandelnder kann sich **kraft allgemeiner zivilrechtlicher Rege-** 41 **lungen** nicht rechtswirksam zu einer medizinischen Behandlung verpflichten, soweit sie bzw. deren Erbringung **gegen ein gesetzliches Verbot verstößt** – ein solcher Vertrag wäre nichtig.

- Verbotsgesetze im Sinne des § 134 BGB sind zB: Sterilisation des Kindes, vgl. § 1631c BGB, oder Beschneidung des männlichen Kindes, vgl. § 1631d BGB.

---

[11] Vgl. hierzu 65 ff.
[12] Näheres zu Höhe und Fälligkeit der Vergütung: s. Rn. 66.
[13] S. hierzu auch Rn. 66.

- Sittenwidriger Vertragsinhalt (§ 138 BGB) wäre zB ein Behandlungsvertrag, der auf strafrechtlich sanktionierte, rechtswidrige Sterbehilfe oder Abtreibung gerichtet ist.

42 Schließlich erfasst die insoweit offene Formulierung des § 630a Abs. 1 BGB, wonach *der Behandelnde* **auch einem Dritten** die medizinische Behandlung eines Patienten **zusagen** kann, wofür der Dritte – und nicht wie im „Normalfall" der Patient! – kraft (vertraglicher) Verpflichtung ihm hierzu im Gegenzug die vereinbarte Vergütung leistet, noch weitere Konstellationen:

- Gegebenenfalls fallen auch **Verträge über die Durchführung einer Klinischen Prüfung** (zB zwischen Sponsor, Prüfarzt und Prüfzentrum) neuerdings unter die §§ 630aff. BGB. Dies dürfte jedenfalls dann gelten, wenn der Proband tatsächlich einer medizinischen Behandlung bedarf und damit ohne Weiteres als „Patient" anzusehen ist. Offen ist dies dem Wortlaut des Gesetzes nach strenggenommen bei gesunden Probanden bzw. Probanden, die – was tatsächlich den Regelfall darstellen soll – an einer klinischen Studie teilnehmen, die sich nicht mit der medizinischen Behandlung ihres, sondern eines sonstigen Leidens befasst.
- Dies ist praktisch insbesondere relevant für die in den §§ 630cff. BGB geregelten **Nebenpflichten** aus dem Behandlungsvertrag, die dann auch entsprechende Berücksichtigung zugunsten eines Probanden finden müssen, der an einer Erkrankung leidet und damit Patient ist. Die Anforderungen, die sich nun kraft des Patientenrechtegesetzes ergeben, können in der Sache strengere sein, weil es sich bei der medizinischen Behandlung nun eben um eine solche innerhalb einer klinischen Prüfung handelt. Dies hängt damit zusammen, dass sich die Aufklärungspflicht (vgl. § 630e BGB) in diesem Falle auch darauf erstreckt, dass sich bisher unbekannte Risiken verwirklichen können. Hier müsste – unter Schutz-Gesichtspunkten – ein Erst-Recht-Schluss eingreifen: Wenn schon bei Erkrankten/Patienten hier spezifische Anforderungen einzuhalten sind, dann sollte dies erst recht bei Probanden gelten.

43 **Nicht erfasst** von den Regelungen der §§ 630aff. BGB sind Kooperationsvereinbarungen zwischen verschiedenen Behandelnden (zB Krankenhaus und Honorararzt oder Einzelarzt und (nur) von diesem zugezogener Konsiliararzt), die inhaltlich darauf gerichtet sind, dass zwar der Patient mit nur einem von ihnen einen Behandlungsvertrag im Sinne des § 630a BGB schließt, aber der kooperierende Teil tatsächlich auch an der Durchführung der Behandlung des Patienten beteiligt ist.

- In der Sache handelt es sich bei einem solchen Vertrag, an dem der Patient nicht als vertragsschließende Partei beteiligt ist, gleichwohl um einen Dienstvertrag, für den die Regelungen der §§ 611 ff. BGB einschlägig sind. Konsequenterweise richtet sich hier auch die jeweils geschuldete Vergütung vorrangig nach der hierzu getroffenen Vereinbarung (§ 612 BGB).[14]

Gleichfalls **nicht erfasst** von den Regelungen des Behandlungsvertrages, auch nicht über § 278 BGB, ist die Konstellation, in der der Behandelnde bei Durchführung der medizinischen Behandlung ein Medizinprodukt einsetzt (zB Einsatz eines künstlichen Gelenks bei Hüft-TEP-OP): Der Hersteller des künstlichen Gelenks ist nicht Erfüllungsgehilfe des Behandelnden, da er nicht dessen Weisungen unterliegt, sondern dem Behandelnden dieses Ersatzteil nur liefert (wie eine Ware beim Kauf). Zum Patienten steht der Hersteller in keinerlei vertraglicher Beziehung. Liegt zB ein Produktfehler vor, kann der Patient gegen den Hersteller nur deliktisch vorgehen. 44

III. Behandelnder

Vertragspartner des Patienten (bzw. eines Dritten, der die Zahlungspflicht übernimmt) ist hiernach ein **„Behandelnder", also derjenige** (Leistungserbringer)**, der die vereinbarte medizinische Behandlung zusagt.** Der Gesetzgeber liefert hier eine *„Legaldefinition"*, dh er teilt mit bzw. umschreibt, wer als „Behandelnder" – und damit potenziell aus dem Behandlungsvertrag auf die Erbringung einer Leistung Verpflichteter – anzusehen ist. 45

Geregelt ist in § 630a Abs. 1 BGB also nicht nur der Arzt-Behandlungsvertrag. Auch **andere Anbieter von Gesundheitsdienstleistungen** sind in der Lage und dürfen auch rechtskonform (zB kraft ihrer beruflichen Qualifikation) eine medizinische Behandlung zusagen: 46

Wer Behandelnder ist, hängt davon ab, **mit wem der Patient den Behandlungsvertrag geschlossen** hat. Dies können sein: 47

- Ein behandelnder Einzelarzt bzw. Zahnarzt bzw. psychologische Psychotherapeuten und Kinder-/Jugendpsychotherapeuten, behandelnde Ärzte einer Berufsausübungsgemeinschaft, ein sog. medizinisches Versorgungszentrum (MVZ) bzw. dessen Träger, aber auch ein **Krankenhaus**-Träger, also natürliche Personen, Personengesellschaften, aber auch Kapitalgesellschaften. Ausweislich der Gesetzesbegründung[15] zählen zu potenziell Behandelnden sämtliche Gesundheitsberufe, deren Ausbildung durch Bundesgesetz geregelt ist, also neben Ärzten

---

[14] Nicht ohne Weiteres maßgeblich ist bei ärztlichen Leistungen in Kooperationsverhältnissen unter Behandelnden jedoch die GOÄ, da sie nur im Verhältnis Arzt – Patient Anwendung findet (BGH Urt. v. 12.11.2009, Az.: III ZR 110/09).

[15] BT-Drs. 17/10488, 26.

auch Hebammen,[16] Masseure,[17] medizinische Bademeister,[18] Ergotherapeuten,[19] Logopäden,[20] Physiotherapeuten[21] oder Heilpraktiker.[22] **Aufgrund** des Wortlauts der Norm, die von der medizinischen Behandlung *eines Patienten* spricht, kann ein *Tierarzt* **keinen** Behandlungsvertrag iSd § 630a BGB schließen.Auch ein *Apotheker,* der per se zur medizinischen Behandlung von Patienten nicht befugt ist, kann **nicht** Partner eines Behandlungsvertrages iSd § 630a BGB werden.[23] – Sehr wohl kann aber ein Apotheker auch die rechtlichen Vorgaben der §§ 630aff. BGB zu beachten haben, etwa als Krankenhausapotheker, wenn er vom Krankenhausträger, soweit dieser „Behandelnder“ ist, in die Wahrnehmung dessen vertraglicher Pflichten gegenüber dem Patienten eingebunden ist.

IV. Medizinische Behandlung

48 Die vertragliche Hauptleistungspflicht, zu der sich der Behandelnde gegenüber dem Patienten verpflichtet, ist natürlich, die vereinbarte medizinische Behandlung als solche zu erbringen.

49 Eine solche Zusage medizinischer Behandlung bezieht sich ausweislich der Gesetzesbegründung nicht etwa nur auf eine im Einzelfall indizierte Behandlung, sondern **auch auf – nicht indizierte** – ästhetische Maßnahmen wie zB eine Schönheitsoperation.

- **Keine** medizinische Behandlung sind: Ausschließlich reine Pflege- und Betreuungsleistungen.
- **Nicht** als medizinische Behandlung erfasst sind ausweislich der Gesetzesbegründung Verträge, auf die das sog. Wohn- und Betreuungsver-

---

[16] Hebammengesetz vom 4.6.1985 (BGBl. I 902), zuletzt geändert durch Art. 39 des G. v. 6.12.2011 (BGBl. I 2515).

[17] Masseur- und Physiotherapeutengesetz vom 26.5.1994 (BGBl. I 1084), zuletzt geändert durch Art. 45 des G. v. 6.12.2011 (BGBl. I 2515).

[18] Ausbildungs- und Prüfungsverordnung für Masseure und medizinische Bademeister (Art. 1 der Verordnung über die Ausbildung und Prüfung von Masseuren und medizinischen Bademeistern und zur Änderung verschiedener Ausbildungs- und Prüfungsverordnungen betreffend andere Heilberufe) vom 6.12.1994 (BGBl. I 3770), zuletzt geändert durch Art. 47 des G. v. 6.12.2011 (BGBl. I 2515).

[19] Ergotherapeutengesetz vom 25.5.1976 (BGBl. I 1246), zuletzt geändert durch Art. 50 des G. v. 6.12.2011 (BGBl. I 2515).

[20] G. über den Beruf des Logopäden vom 7.5.1980 (BGBl. I 529), zuletzt geändert durch Art. 52 des G. v 6.12.2011 (BGBl. I 2515).

[21] Masseur- und Physiotherapeutengesetz vom 26.5.1994 (BGBl. I 1084), zuletzt geändert durch Art. 45 des G. v. 6.12.2011 (BGBl. I 2515).

[22] Heilpraktikergesetz in der im BGBl. III Gliederungsnummer 2122-2, veröffentlichten bereinigten Fassung, zuletzt geändert durch Art. 15 des G. v. 23.10.2001 (BGBl. I 2702).

[23] Hiervon unabhängig gelten im Verhältnis zwischen Apotheker und Patienten bzw. Kunden besondere Informationspflichten, vgl. nur § 20 ApoBetrO nF.

tragsgesetz (WBVG) Anwendung finden würde, also sog. Heimverträge und Pflegeverträge.[24]

- Eine religiös motivierte Beschneidung (vgl. hierzu § 1631d BGB nF[24a]), soweit sie zulässigerweise erfolgt, stellt hingegen auch eine medizinische Behandlung dar.

Von der vereinbarten medizinischen Behandlung als solcher *zu unterscheiden* ist der **sonstige Vertragsinhalt, der anlässlich der stattfindenden Behandlung geklärt wird,** zB an welchem Ort die Behandlung erbracht wird (in einer Praxis/Ambulanz oder im Rahmen stationärer Aufnahme) und auf welche Dauer sie sich erstreckt. 50

V. Zusage medizinischer Behandlung nach § 630a Abs. 2 BGB

§ 630a Abs. 2 BGB stellt klar, dass die Art und Weise der Behandlung und deren Standard, also der **Inhalt und Umfang der zugesagten *medizinischen* Behandlung,** wie im Vertragsrecht üblich, grundsätzlich Verhandlungssache ist. Allerdings, insbesondere wenn nichts bzw. nichts Abweichendes vereinbart ist, hat die Behandlung im Regelfall *„nach den zum Zeitpunkt der Behandlung bestehenden, allgemein anerkannten fachlichen Standards"* zu erfolgen. 51

- Die Vorschrift trifft also eine Aussage zu den Hauptleistungspflichten des Behandlungsvertrages und gibt hierfür, sollte nichts Detaillierteres hierzu besprochen worden sein, eine Auslegungshilfe.
- Verwiesen wird auf die allgemein anerkannten fachlichen Standards, also auf einen Bereich außerhalb des Rechts: Welche fachlichen Standards einschlägig sind, richtet sich nach dem aktuellen Stand der wissenschaftlichen Erkenntnis. Hierzu kann, wenn es (zB in einem Gerichtsverfahren) darauf ankommt, ein Sachverständiger, der regelmäßig dieselbe Qualifikation wie der jeweils konkret Behandelnde vorweisen können muss, Auskünfte geben. Wichtige Indikatoren geben hierzu die Behandlungsleitlinien und -empfehlungen der wissenschaftlichen Fachgesellschaften (organisiert im AWMF).Im Krankenhaus stellt die Abteilungshierarchie über den hierfür dienstvertraglich stets letztverantwortlichen Chefarzt einer bestimmten Fachrichtung sicher, dass die medizinische Behandlung trotz arbeitsteiliger Medizin (zB vertikale Arbeitsteilung zwischen Chefarzt-Oberarzt-Assistenzarzt) auf **„Facharztstandard"-Niveau** erfolgt.

Die Art und Güte der kraft Behandlungsvertrages geschuldeten medizinischen Behandlung hängt uU auch davon ab, welcher Berufsgruppe der Behandelnde angehört. 52

---

[24] BT-Drs. 17/10488, 26.
[24a] Hierzu *Spickhoff* FamRZ 2013, 337 ff.

- Das jeweilige Berufsrecht (Arzt-Berufsrecht, Heilpraktikergesetz, Hebammengesetz usw.) und seine rechtlichen Grenzen bilden unausgesprochen den Rahmen für insoweit zulässige Vertragsinhalte. Beispiel: Eine Hebamme kann nur an **fachlichen Standards** für Hebammen gemessen werden, wenn der Behandlungsvertrag inhaltlich auf die Erbringung typischer Hebammentätigkeit (zB in Abgrenzung zum ärztlichen Geburtshelfer) Bezug nimmt.

53 Eine **Überschreitung** bzw. **Unterschreitung** des allgemein anerkannten fachlichen Standards kann daher – in den Grenzen der gesetzlich verbotenen Sittenwidrigkeit – grundsätzlich vereinbart werden. **Hier empfiehlt sich aus Beweisgründen, schriftlich festzuhalten, nach welcher Methode behandelt wird.** Besondere Bedeutung kommt in diesem Falle den vertraglichen Nebenpflichten zu, va der Informations- und Aufklärungspflicht nach § 630c BGB und § 630e BGB.

VI. Spezifischer Sorgfaltsmaßstab iSd § 276 Abs. 2 BGB

54 § 630a Abs. 2 BGB ergänzt[25] die allgemeine Regelung des § 276 Abs. 2 BGB, wonach fahrlässig handelt, wer die im Verkehr erforderliche Sorgfalt außer Acht lässt.

- Zu unterscheiden sind beim Behandlungsvertrag sog. ärztliche Standards sowie bei Nicht-Ärzten eine sonstige fachgemäße Behandlung.

55 Geschuldet ist nach § 630a Abs. 2 BGB eine Behandlung nach dem allgemein anerkannten Stand der wissenschaftlichen Erkenntnis. Da die medizinische Behandlung umfassend zu begreifen ist, entfaltet dies nicht nur für die vertragliche Hauptleistungspflicht als solche, sondern auch für vertragliche Nebenpflichten (wie in § 630c BGB oder § 630e BGB) Bedeutung.

- Verstöße gegen diesen fachlichen Standard liegen zB vor, wenn eine falsche Diagnostik- und Therapiemethode eingesetzt wurde, die Pflicht zur therapeutischen Information verletzt wurde und die Pflicht zur Befunderhebung und -sicherung nicht beachtet wurde.

VII. Keine Formvorschriften – ABER…

56 Der Behandlungsvertrag nach § 630a BGB unterliegt keinerlei Formvorschriften. Er kann daher rechtswirksam mündlich geschlossen werden. Generell besteht also kein Schriftformerfordernis. Gleichwohl gibt es praktisch nicht unbedeutende gesetzlich geregelte Ausnahmen:

- Sogenannte Wahlleistungsvereinbarungen im Sinne des § 17 Abs. 2 Krankenhausentgeltgesetz (KHEntgG) bedürfen der **sog. Schriftform,**

---

[25] Krit. hierzu *Katzenmeier* MedR 2012, 576, 579, der die Regelung für nicht ausgereift hält.

um wirksam zu sein. Vereinbart also der Patient anlässlich seiner stationären Aufnahme in ein Krankenhaus eine „Chefarzt"-Behandlung, ist dies nur wirksam, wenn die Vereinbarung über die Inanspruchnahme über diese Wahlleistung schriftlich erfolgt. Der hierzu parallel mit dem Chefarzt geschlossene Behandlungsvertrag unterliegt hingegen nicht diesem Formerfordernis; kann aber in der Praxis mitunter hiermit verbunden bzw. hierin eingearbeitet sein.

- Die BGB-Regelung läst darauf schließen, dass **die Frage, welche Vergütung** für die medizinische Behandlung, die im Behandlungsvertrag vereinbart wird, zu gewähren ist, eventuell doch Formvorschriften unterliegt. Dies kann aber bei privatärztlicher Behandlung in Sonderfällen durchaus gegeben sein: Nach § 2 Abs. 2 GOÄ kann, außer im Fall von Notfall- und akuten Schmerzbehandlungen, **(nur) in einem Schriftstück** eine Vereinbarung über eine von der GOÄ abweichende Gebührenhöhe mit dem Arzt getroffen werden. Weiter darf es sich allerdings hierbei in der Sache nicht um Leistungen nach § 5a GOÄ handeln (Abbruch der Schwangerschaft nach § 218a Abs. 1 StGB) bzw. nicht um Leistungen nach den Abschnitten A, E, M und O der GOÄ. Dieses Schriftstück muss weiter ausweisen, dass eine persönliche Absprache im Einzelfall zwischen dem Arzt und dem Zahlungspflichtigen vor Erbringung der Leistung des Arztes getroffen wurde. Weiter muss neben den Nummern der Bezeichnung der Leistung, der Steigerungssatz an dem vereinbarten Betrag und die Feststellung enthalten sein, dass eine Erstattung der Vergütung durch Erstattungsstellen möglicherweise nicht im vollem Umfang gewährleistet ist. Hinzu kommt, dass dieses Schriftstück, um es hinreichend klar zu halten, weitere Erklärungen, die inhaltlich hierüber hinausreichen, nicht enthalten darf. Schließlich ist **dem Zahlungspflichtigen seitens des Arztes ein Abdruck der Vereinbarung auszuhändigen.**
- Soweit inhaltlich im Behandlungsvertrag, den ein gesetzlich versicherter Patient abschließt, sog. individuelle Gesundheitsleistungen (IGeL-Leistungen) vereinbart werden, also Leistungen, die Ärzte und psychologische Psychotherapeuten in Deutschland ihren gesetzlich krankenversicherten Patienten gegen Selbstzahlung anbieten können und die über das vom Gesetzgeber definierte Maß einer ausreichenden, zweckmäßigen und wirtschaftlichen Patientenversorgung hinausreichen und von den gesetzlichen Krankenversicherungen nicht gedeckt sind,[26] greift zum Schutz des Versicherten das Schriftformerfordernis des § 3 Abs. 1 S. 3 BMV-Ä, der lautet: *„Leistungen, für die eine Leistungspflicht der Krankenkassen nicht besteht, können nur im Rahmen einer*

[26] Wikipedia, Individuelle Gesundheitsleistungen, http://de.wikipedia.org/wiki/Individuelle_Gesundheitsleistung, zuletzt abgefragt 14.4.2013.

Privatbehandlung erbracht werden, über die mit den Versicherten ***vor Beginn der Behandlung ein schriftlicher Behandlungsvertrag abgeschlossen*** *werden muss."* **Der Arzt, der die IGeL nur mündlich vereinbart hat, kann hieraus keine Honoraransprüche herleiten.**

Gleichwohl empfiehlt es sich, auch abgesehen von diesen Ausnahmefällen, den Abschluss des Behandlungsvertrages, insbesondere wenn er einen spezifischen Inhalt hat, schriftlich festzuhalten, um höchstvorsorglich über entsprechende Nachweise zu verfügen.

57 • Die Durchführung eines Heilversuchs oder die Anwendung einer Neulandmethode, die nicht zum Facharztstandard gehören, kann ohne Weiteres als Inhalt des Behandlungsvertrages vereinbart werden. Kraft Gesetzes gilt auch hier kein Schriftformerfordernis.

58 **Hinweis:** Bewegt sich die medizinische Behandlung außerhalb des Facharztstandards, entweder weil es sich um eine noch nicht hinreichend etablierte Methode handelt oder nur um einen vereinzelten Heilversuch, sollte dies unbedingt jedenfalls **vorsorglich schriftlich in der Patientenakte dokumentiert** werden. Dies beugt späteren Einwänden vor, es sei eine facharzt-standardgemäße Behandlung zugesagt worden.

59 An dieser Stelle – obwohl mit den rechtlichen Anforderungen an die Form des Behandlungsvertrages als solchem nicht im Zusammenhang stehend – sei erwähnt, dass **Nebenpflichten** aus dem Behandlungsvertrag, zB Dokumentationspflichten über die erfolgte Aufklärung (§ 630f BGB), die Obliegenheit mit sich bringen, bei der Umsetzung des Behandlungsvertrages diverse Niederschriften vorzunehmen und Formvorgaben zu beachten.[27] Verzichtet man hierauf, kann dies ggf. Rechtsnachteile mit sich bringen.

---

[27] Näheres hierzu Rn 102 ff., 134 ff., 153 ff.

§ 3. Auf das Behandlungsverhältnis ansonsten anwendbare Rechtsvorschriften

§ 630b BGB Anwendbare Vorschriften **60**

Auf das Behandlungsverhältnis sind die Vorschriften über das Dienstverhältnis, das kein Arbeitsverhältnis im Sinne des § 622 ist, anzuwenden, soweit nicht in diesem Untertitel etwas anderes bestimmt ist.

Diese Vorschrift lässt sich nur verstehen, wenn man rechtlich bereits **61** „vorinformiert" oder entsprechend erfahren ist. Sie nimmt inhaltlich darauf Bezug, dass der besondere Vertragstypus des Behandlungsvertrages, der nun ausdrücklich im BGB geregelt ist, eigentlich eine „Sonderform" des sog. Dienstvertrages ist; daher fand er auch, sieht man auf die Reihenfolge innerhalb des Bürgerlichen Gesetzbuches, dort Aufnahme als „Untertitel I" zum Dienstvertrag. In diesem „Untertitel I" sind nun für das gesamte, durch den Vertragsschluss begründete Behandlungsverhältnis die vertragstypischen Haupt-Pflichten (§ 630a BGB) sowie vor allem vertragliche Neben- bzw. Sekundärpflichten (§§ 630c, 630e, 630f BGB) geregelt, sowie weitere Themen, die an ein vorhandenes Behandlungsverhältnis knüpfen, wie zB § 630d BGB und § 630g BGB. Schließlich finden sich noch weitere Regelungen zur Beweislast, die verfahrensrechtliche Bedeutung entfalten (§ 630h BGB).

§ 630b BGB stellt klar, dass ein Behandlungsvertrag mit der weiteren **62** Sonderform des Dienstvertrages, dem sog. Arbeitsvertrag (iSd § 622 BGB), nichts zu tun hat.

Weiter greift der Gesetzgeber auf die vorhandene **Regelungstechnik** **63** **des BGB** zurück, wonach, mangels vorrangiger spezieller Vorschriften, also soweit die §§ 630aff. BGB hierzu nichts sagen, die dann einschlägigen allgemeinen Vorschriften des BGB gelten sollen *(„, soweit nicht (…) etwas anderes bestimmt ist.")*.[28]

Ein Rückgriff auf „allgemeine Regeln" kann in den folgenden Fällen **64** relevant werden:

I. Vergütung: Höhe, Fälligkeit und Vorschuss

Keine spezifische Regelung enthalten die §§ 630aff. BGB zur Vergü- **65** tungshöhe. § 630a Abs. 1 BGB spricht insoweit nur von der „vereinbarten Vergütung". Hier kann es nun im Einzelfall erforderlich werden, die hierzu passende allgemeine dienstvertragliche Vorschrift heranzuziehen.

Dienstvertraglich allgemein einschlägig wäre an sich § 612 BGB, der **66** lautet: *„(1) Eine Vergütung gilt als stillschweigend vereinbart, wenn die Dienstleistung den Umständen nach nur gegen eine Vergütung zu erwar-*

---

[28] Hierauf ist im Folgenden einzugehen.

ten ist. (2) Ist die Höhe der Vergütung nicht bestimmt, so ist bei dem Bestehen einer Taxe die taxmäßige Vergütung, in Ermangelung einer Taxe die übliche Vergütung als vereinbart anzusehen.“

- Falls zwischen Behandelndem und Patient, soweit nicht ohnehin ein Behandlungsvertrag in schriftlicher Form geschlossen wurde (s. unten), das Thema Vergütung nicht angesprochen wurde, ist zunächst § 612 Abs. 1 BGB einschlägig, wonach den Umständen nach **ein Tätigwerden des Behandelnden nur gegen eine Vergütung** zu erwarten ist.
  - Bereits arzt-berufsrechtlich dürfen Ärzte regelmäßig nicht unentgeltlich behandeln (vgl. § 12 Musterberufsordnung für Ärztinnen und Ärzte, die vergleichbar in allen Länderberufsordnungen umgesetzt ist: *„(...) Für die Bemessung ist die Amtliche Gebührenordnung (GOÄ) die Grundlage, soweit nicht andere gesetzliche Vergütungsregelungen gelten. Der Arzt darf die Sätze der GOÄ nicht in unlauterer Weise unterschreiten. (...) Der Arzt kann Verwandten, Kollegen, deren Angehörigen und im Einzelfall auch unbemittelten Patienten das Honorar ganz oder teilweise erlassen.*“).
  - Für stationäre Behandlung in Krankenhäusern greifen umfassende gesetzliche Regelungen zur Krankenhausvergütung, sodass auch hier zur Vergütungshöhe – sollte ausnahmsweise eine „förmliche“ Aufnahmeprozedur, zB in einem Notfall, unterblieben sein – zwingendes Recht eingreift (va KHEntgG und zugehörige FPVen, PsychEntgG).
- Im Zweifel als vereinbart anzusehen ist die sog. **taxmäßige Vergütung.**
  - Bei Ärzten ist dies insoweit die nach der GOÄ einschlägige Gebührenordnung, bei Zahnärzten die Vergütung nach der GOZ.
  - Bei Angehörigen anderer medizinischer Berufe gelten teilweise Taxen: ZB für Hebammen bei Leistungen für gesetzlich Versicherte die sog. Hebammengebührenordnungen (vgl. § 134 SGB V). – Nicht ohne Weiteres als „taxmäßig“ können privat (zB von Verbänden) erstellte Gebührenordnungen gelten (zB Gebührenübersicht für Therapeuten zu in Deutschland „üblichen“ Preisen in der Physiotherapie).[29]

67 An dieser Stelle sei daran erinnert,[30] dass ein anderer (Dritter) als der Patient zur Zahlung verpflichtet sein kann, zB beim gesetzlich versicherten Patienten seine Krankenkasse. Wirtschaftlich betrachtet kommt es auch bei Privatpatienten häufig dazu, dass deren Private Krankenversicherungen „die Zahlung übernehmen“, indem sie ihrem Versicherten das seitens des Behandelnden geforderte Honorar unter Berücksichtigung des vereinbarten Tarifs erstatten. Hier ist wie folgt zu differenzieren:

---

[29] Palandt/*Weidenkaff*, BGB-Kommentar, 72. Aufl. 2013, BGB § 612 Rn. 9.
[30] S. Rn. 35.

- Kommt der **Behandlungsvertrag direkt mit dem Privatpatienten** zustande, so ist auch nur dieser aus dem Behandlungsvertrag zur Zahlung verpflichtet – unabhängig davon, ob und in welchem Ausmaß er/sie versichert ist. Soweit ein Patient über eine Private Krankenversicherung verfügt, rechnet sie/er regelmäßig eigenverantwortlich mit ihrem/seinem privaten Krankenversicherer ab. Welche Leistungen im Einzelnen erstattet werden, richtet sich nach den konkreten Versicherungsbedingungen und einschlägigen Tarifen. Insbesondere hinsichtlich stationärer Behandlung bieten private Krankenversicherer ihren Versicherten in Einzelfällen an, direkt mit dem jeweiligen Krankenhaus abzurechnen. In diesen Fällen kommt es rechtlich gesehen (mit Zustimmung des Krankenversicherers) zu einer Abtretung des Erstattungsanspruchs des Patienten gegenüber seiner Krankenversicherung an das Krankenhaus (sog. Klinik-Card-Modell).
  - In der Sache gelten hier ohne Weiteres die für den „Normal-Fall" einschlägigen Taxen.
- Bei **gesetzlich versicherten Patienten** wird der Behandlungsvertrag hingegen überlagert durch das sog. „Behandlungsdreieck".[31] Zwar bleibt der Behandelnde gegenüber dem Patienten zur Erbringung der medizinischen Behandlung verpflichtet, kann aber vom Patienten unmittelbar – wegen des geltenden Sachleistungsprinzips – keine Vergütung verlangen. Vielmehr erwirbt der Behandelnde wirtschaftlich einen direkten Zahlungsanspruch gegen die Krankenkasse (als Kostenträger), die gegenüber dem bei ihr versicherten Patienten verpflichtet ist, ihm die Sachleistung medizinischer Behandlung zukommen zu lassen und grundsätzlich (sieht man einmal von „Zuzahlungspflichten" ab, die kraft SGB V zulasten des Versicherten angeordnet sein können) die damit verbundenen Kosten zu tragen.
  - Strenggenommen ist in diesen Fällen unmittelbar keine Vergütung „vereinbart": Kraft gesetzlicher Anordnung gilt hier wegen des Systems der Gesetzlichen Krankenversicherung das Vergütungsregime des SGB V (kraft Kollektivvertrag oder kraft Direkt- bzw. Selektivverträgen) und des Krankenhausentgeltrechts. Die geschuldete Vergütung richtet sich in diesem Falle vereinfacht dargestellt bei ambulanten Leistungen nach dem aktuellen EBM (Einheitlicher Bewertungsmaßstab), bei stationären Leistungen nach dem Krankenhausentgeltgesetz, PsychEntgeltG und den zugehörigen Verordnungen. Sonstige medizinische Behandlungen innerhalb der Gesetzlichen Krankenversicherung, zB Heilmittel-Behandlungen, werden dann auf Basis nach § 125 Abs. 2 SGB V geschlossener Verträge und darin ausgehandelter Preise abgerechnet.

---

[31] S. Rn. 35.

68 Zur **Fälligkeit** der geschuldeten Vergütung aus dem Arzt-Behandlungsvertrag gilt, mangels einer hierzu getroffenen Vereinbarung, an sich die dienstvertragliche Auffangregelung des **§ 614 BGB:** Erst nachdem die Leistung erbracht wurde, tritt insoweit Fälligkeit hinsichtlich der zu entrichtenden Vergütung ein. Bevor aber diese Auffangregelung zum Tragen kommt, greifen jedoch – trotz fehlender ausdrücklicher Vereinbarung – beim Behandlungsvertrag diverse Sonderregelungen ein. Zu differenzieren ist hier wieder danach, ob die Vergütungsverpflichtung beim Privatpatienten eintritt oder letztlich bei der Krankenkasse des gesetzlich versicherten Patienten.

- Bei **Privatpatienten** ist § 12 GOÄ als sog. Spezialvorschrift *(lex specialis)* vorrangig zu beachten. Die Vergütung einer GOÄ-Rechnung ist daher **erst dann fällig, wenn** eine den Vorgaben der GOÄ entsprechende Rechnung vorliegt (§ 12 Abs. 1 GOÄ: *„Die Vergütung wird fällig, wenn dem Zahlungspflichtigen eine dieser Verordnung entsprechende Rechnung erteilt worden ist.“* – § 12 Abs. 2 GOÄ. *„Die Rechnung muss insbesondere enthalten: 1. das Datum der Erbringung der Leistung, 2. bei Gebühren die Nummer und die Bezeichnung der einzelnen berechneten Leistung einschließlich einer in der Leistungsbeschreibung gegebenenfalls genannten Mindestdauer sowie den jeweiligen Betrag und den Steigerungssatz, 3. bei Gebühren für stationäre, teilstationäre sowie vor- und nachstationäre privatärztliche Leistungen zusätzlich den Minderungsbetrag (…), 4. bei Entschädigungen (…) den Betrag, die Art der Entschädigung und die Berechnung, 5. bei Ersatz von Auslagen (…) den Betrag und die Art der Auslage (…)“*).

69 **Hinweis:** In der Praxis löst also eine Honorarrechnung, die diesen Vorgaben nicht entspricht, keine Zahlungspflicht aus. Hier obliegt es dem Honorargläubiger, wenn er nachträglich Fälligkeit erzeugen will, entsprechend „nachzuarbeiten“ und eine Rechnung mit den erforderlichen vollständigen Angaben zu überlassen. Die Fälligkeit kann also nicht rückwirkend für eine formal unzureichende Honorarrechnung hergestellt werden, sondern sie liegt erst mit Vorliegen einer korrekten Rechnung vor.

70 *Exkurs:* Eine ähnliche Regelung, die wünschenswerte Rechnungsinhalte auflistet, aber – anders als § 12 GOÄ – die grundsätzliche Fälligkeit (nach Vereinbarung bzw. nach § 614 BGB) nicht tangiert, findet sich im § 8 Krankenhausentgeltgesetz (Berechnung der Entgelte für allgemeine Krankenhausleistungen), bezogen auf Kostennoten für allgemeine Krankenhausleistungen. § 8 KHEntgG[32] gilt grundsätzlich unabhängig

[32] § 8 KHEntGG: „(…) (7) Das Krankenhaus kann eine angemessene Vorauszahlung verlangen, wenn und soweit ein Krankenversicherungsschutz nicht nachgewiesen wird. Ab dem achten Tag des Krankenhausaufenthalts kann das Krankenhaus eine an-

davon, welchen Versichertenstatus der Patient hat, enthält für selbstzahlende Patienten jedoch Sonderregelungen.

Streitig war und ist, ob bzw. in welchen Fällen oder unter welchen Voraussetzungen *der Arzt* vom Privatpatienten bzw. selbst zahlenden Patienten einen **„Vorschuss"** verlangen kann, bevor er tätig wird, und ob dem insbesondere das Arzt-Berufsrecht entgegensteht. Sicher ist, dass in einem medizinischen Notfall die ärztliche Behandlung nicht von einem Vorschuss abhängig gemacht werden darf. **71**

- Das Oberlandesgericht (OLG) München[33] gestattete einen Kostenvorschuss in dem Sonderfall, wonach der Arzt selbst Fremdkosten vorfinanzieren müsste (im entschiedenen Fall waren dies die von einem Zahnarzt aufgewandten Material- und Laborkosten (Fremdlaborkosten)).
- Hierüber hinausreichende Vereinbarungen, deren Unangreifbarkeit nicht abschließend geklärt ist, sollten daher in der Praxis schriftlich erfolgen und ausdrücklich mitteilen, dass insoweit eine Abweichung von

---

gemessene Abschlagszahlung verlangen, deren Höhe sich an den bisher erbrachten Leistungen in Verbindung mit der Höhe der voraussichtlich zu zahlenden Entgelte zu orientieren hat. Die Sätze 1 bis 2 gelten nicht, soweit andere Regelungen über eine zeitnahe Vergütung der allgemeinen Krankenhausleistungen in für das Krankenhaus verbindlichen Regelungen nach den §§ 112 bis 114 des Fünften Buches Sozialgesetzbuch oder in der Vereinbarung nach § 11 Abs. 1 getroffen werden. –

(8) Das Krankenhaus hat dem selbstzahlenden Patienten oder seinem gesetzlichen Vertreter die für ihn voraussichtlich maßgebenden Entgelte so bald wie möglich schriftlich bekannt zu geben, es sei denn, der Patient ist in vollem Umfang für Krankenhausbehandlung versichert. Im Übrigen kann jeder Patient verlangen, dass ihm unverbindlich die voraussichtlich abzurechnende Fallpauschale und deren Höhe sowie voraussichtlich zu zahlende, ergänzende Entgelte mitgeteilt werden. Stehen bei der Aufnahme eines selbstzahlenden Patienten die Entgelte noch nicht endgültig fest, ist hierauf hinzuweisen. Dabei ist mitzuteilen, dass das zu zahlende Entgelt sich erhöht, wenn das neue Entgelt während der stationären Behandlung des Patienten in Kraft tritt. Die voraussichtliche Erhöhung ist anzugeben. –

(9) Die Rechnungen des Krankenhauses für selbstzahlende Patientinnen oder selbstzahlende Patienten sind in einer verständlichen und nachvollziehbaren Form zu gestalten. Dabei sind die Fallpauschalen und Zusatzentgelte mit der Nummerierung und den vollständigen Texten aus dem jeweils anzuwendenden Entgeltkatalog, den maßgeblichen Diagnose- und Prozedurenschlüsseln sowie bei Fallpauschalen den effektiven Bewertungsrelationen und dem Landesbasisfallwert auszuweisen. Zu den Diagnose- und Prozedurenschlüsseln sind außerdem die entsprechenden Textfassungen anzugeben. Weitere Entgelte sowie Zu- oder Abschläge sind mit kurzen verständlichen Texten zu bezeichnen. Die Zuschläge nach § 7 Abs. 1 Satz 3 werden in der Rechnung zusammengefasst und gemeinsam als „Systemzuschlag" ausgewiesen. Die Deutsche Krankenhausgesellschaft gibt zur Gestaltung der Rechnung eine entsprechende Empfehlung im Benehmen mit dem Verband der privaten Krankenversicherung ab. Das Verfahren nach § 301 des Fünften Buches Sozialgesetzbuch bleibt unberührt".

[33] OLG München Urt. v. 11.5.1995, Az. 1 U 5547/94.

den allgemeinen dienstvertraglichen Vorschriften (§ 614 BGB) gegeben ist.

- Komplizierter ist es **bei gesetzlich versicherten Patienten,** (im „Behandlungsdreieck“)[34] die Fälligkeit der vom Behandelnden in Rechnung gestellten Vergütung unter Beteiligung der Gesetzlichen Krankenversicherung zu bestimmen. Hier ist genau zu differenzieren, welche medizinische Leistung vergütet werden soll, und unter Geltung welcher konkret einschlägigen Vorgaben des Rechts der Gesetzlichen Krankenversicherung sie erbracht wurde. So rechnet zB der Vertragsarzt seine ambulanten medizinischen Leistungen für gesetzlich Versicherte im Kollektivvertragssystem über die jeweils zuständige Kassenärztliche Vereinigung (KV) nur quartalsweise gegenüber dem jeweiligen Kostenträger (der Krankenkasse) ab; wann er das Honorar hierfür dann – wiederum über die KV – ausgekehrt erhält und in welcher Höhe, richtet sich im Wesentlichen nach den Gesamtverträgen auf Landesebene zwischen den Landesverbänden der Krankenkassen und der KV. Bei stationär erbrachten medizinischen Leistungen erwirbt das Krankenhaus direkt einen Anspruch gegen die Krankenkasse; auch regeln konkret geschlossene Versorgungsverträge (vgl. § 112 SGB V) ua Fragen der Fälligkeit.

II. Medizinische Behandlung in der arbeitsteiligen Medizin

72 Geht man vom Wortlaut des § 630a Abs. 1 BGB aus, ist auch genau „derjenige“, der dem Patienten die medizinische Behandlung zusagt, ihm gegenüber zur Leistung verpflichtet. Dies tangiert zwei Aspekte:

73 Zum einen kann derjenige, der die medizinische Behandlung zusagt,[35] ein einzelner Arzt persönlich, aber auch eine Organisationsgemeinschaft (zB ein Krankenhaus bzw. dessen Trägergesellschaft oder ein MVZ) oder eine Berufsausübungsgemeinschaft (zB eine ärztliche Gemeinschaftspraxis) sein. Die größeren Organisationseinheiten können zivilrechtlich unterschiedlich organisiert sein, also als natürliche oder juristische Personen; hier reicht die Palette im Einzelfall von Personengesellschaften wie Gesellschaften bürgerlichen Rechts oder Partnerschaftsgesellschaften bis hin zu Kapitalgesellschaften wie GmbHs oder sogar AGs. Im Einzelfall können daher eine oder mehrere natürliche Person(en) oder eine juristischen Person verpflichtet sein. Der die Behandlung Zusagende muss nicht derjenige sein, der die Behandlung auch durchführt, auch wenn dies natürlich – Paradebeispiel Einzelarzt – so sein *kann* (s. Rn. 39).

74 Zum anderen sagt die gesetzlich geregelte Verpflichtung zur Leistung der medizinischen Behandlung (insgesamt gesehen) vor allem nichts

[34] S. Rn. 35.
[35] Vgl. hierzu bereits Rn. 36 und 39.

Näheres dazu, ob und in welchem Umfang oder Ausmaß zusätzlich andere Personen zugezogen werden dürfen.

Grundsätzlich geht es also um die Frage, ob diejenigen, die die konkrete Behandlung zusagen, weitere ärztliche bzw. nicht-ärztliche Hilfspersonen bei der Leistungserbringung einbinden dürfen. Die Norm des § 630a Abs. 1 BGB sagt hierzu nichts weiter. Ob also nach dem vereinbarten Vertragsinhalt zulässigerweise eine sog. **Substitution**[36] (dh inhaltlich vollständige Übertragung zur eigenverantwortlichen Wahrnehmung) vereinbart ist oder inwieweit eine **Delegation** (dh teilweise, inhaltlich abgrenzbare Übertragung zur Wahrnehmung nach Weisung, insbesondere von Ärzten an Nicht-Ärzte) im Rahmen der konkret vereinbarten medizinischen Behandlung überhaupt in Betracht kommt, unterliegt nur partiell rechtlichen Vorgaben, dh es handelt sich, wenn eine Rechtsnorm nicht weiterhilft, um eine **fachmedizinische Frage** (Sachverständigenfrage).[37] Die insoweit maßgeblichen „Grundsätze", also bisher üblicher Arbeitsteilung, wurden nicht in das Gesetz „hineinformuliert" – gelten aber nach wie vor. 75

- Hier gilt als Richtschnur: Was ärztlicherseits (an wen, der wie qualifiziert sein muss) delegationsfähig ist, ist grundsätzlich eine fachmedizinische Frage[38] – vorbehaltlich ausdrücklich gesetzlich geregelter sog. Arztvorbehalte (zB zu entnehmen dem ESchG,[39] GenDG,[40]

---

36 Dies wird weithin abgelehnt, vgl. hierzu die im Vorfeld umstrittene Sonderregelung des § 63 Abs. 3c SGB V für das Recht der Gesetzlichen Krankenversicherung: „(…) Modellvorhaben nach Absatz 1 können eine Übertragung der ärztlichen Tätigkeiten, bei denen es sich um selbständige Ausübung von Heilkunde handelt und für die die Angehörigen der im Krankenpflegegesetz geregelten Berufe auf Grund einer Ausbildung nach § 4 Abs. 7 des Krankenpflegegesetzes qualifiziert sind, auf diese vorsehen. Satz 1 gilt für die Angehörigen des im Altenpflegegesetz geregelten Berufes auf Grund einer Ausbildung nach § 4 Abs. 7 des Altenpflegegesetzes entsprechend. Der Gemeinsame Bundesausschuss legt in Richtlinien fest, bei welchen Tätigkeiten eine Übertragung von Heilkunde auf die Angehörigen der in den Sätzen 1 und 2 genannten Berufe im Rahmen von Modellvorhaben erfolgen kann. Vor der Entscheidung des Gemeinsamen Bundesausschusses ist der Bundesärztekammer sowie den maßgeblichen Verbänden der Pflegeberufe Gelegenheit zur Stellungnahme zu geben. Die Stellungnahmen sind in die Entscheidungen einzubeziehen." – Vgl. hierzu die Richtlinie nach § 63 Abs. 3c SGB V in der Fassung vom 20. Oktober 2011 veröffentlicht im Bundesanzeiger Nr. 46 (S. 1 128) vom 21. März 2012 und Nr. 50 (S. 1 228) vom 28. März 2012, in Kraft getreten am 22. März 2012.

37 Hier greifen Recht und Medizin ganz eng ineinander.

38 Vgl. hierzu die Empfehlung der Bundesärztekammer (Stand: 29.8.2008) zum Thema: Persönliche Leistungserbringung – Möglichkeiten und Grenzen der Delegation ärztlicher Leistungen, http://www.bundesaerztekammer.de/page.asp?his=0.7.47.3225 (abgefragt am: 9.4.2013).

39 § 9 Nr. 1–3 ESchG: Durchführung von künstlichen Befruchtungen.

40 § 7 GenDG: Diagnostische genetische Untersuchung sowie (verschärfte Qualifikationsanforderungen) genetische Beratung.

HebG,[41] RÖV,[42] StGB,[43] TFG,[44] TPG,[45] ZHG[46]). Da die in speziellen Gesetzen vorhandenen Regeln jedoch nur die dort angesprochenen Inhalte ansprechen, sind sie insgesamt betrachtet inhaltlich nicht abschließend. Unstreitig darf weiterhin, ohne dass dies ausdrücklich irgendwo im Gesetz stünde, insbesondere **die ärztliche Aufklärung, die Haupt-OP-Leistung sowie das Umgehen mit menschlichem genetischem Material und Blut** ***nicht an Nicht-Ärzte*** **delegiert** werden. Alles, was zwingend nur vom Arzt höchstpersönlich durchgeführt werden darf, zählt daher zum nicht delegationsfähigen **Kernbereich ärztlichen Handelns.**

- Damit ist aber leider noch nicht die generelle Frage beantwortet, welche konkreten Maßnahmen im Rahmen einer medizinischen Behandlung (an wen mit welcher Qualifikation?) delegationsfähig sind. Was sind denn die Üblichkeiten? Dies betrifft einen keinesfalls statischen Bereich, sondern wird vom medizinischen Fortschritt beeinflusst, dh unterliegt einer stetigen Dynamik. Im Streitfall, gerade wenn es auch um Behandlungsfehler und eine damit verbundene Ursachensuche geht, entscheiden hierüber medizinische Sachverständige. – Bekanntlich ringt die Gesundheitspolitik seit Jahren darum, ob und in welchem Ausmaß hochqualifiziertes medizinisches Fachpersonal (ohne ärztliche Approbation), sog. Operations- bzw. Anästhesietechnische Assistenten, oder Physician Assistants, eigenverantwortlich am Patienten tätig werden darf (zB Thoraxeröffnung durch OTA, bevor erst danach der Facharzt den zentralen herzchirurgischen Eingriff übernimmt).

76 In der modernen, häufig personell arbeitsteiligen Medizin, spielt bei der **ärztlichen** Behandlung, sei es im Krankenhaus, sei es in einer Ambulanz, die **vertikale** Arbeitsteilung im Hierarchieverhältnis Chefarzt-Oberarzt-Assistenzarzt oder Praxisinhaber und Weiterbildungsassistent ebenso eine Rolle wie die **horizontale** Arbeitsteilung auf „gleichgeordneter Ebene" bei einem Eingriff, wie zB zwischen Chirurg und Anästhesist innerhalb derselben OP.

---

[41] § 2 Abs. 1 Hebammengesetz: Geburtshilfe ist – von Notfällen abgesehen – ausschließlich Ärzten, Hebammen und Entbindungspflegern gestattet.

[42] § 24 Abs. 1 RÖV: Selbständige und eigenverantwortliche Anwendung von Röntgenstrahlen.

[43] §§ 218ff. StGB: Indikationsstellung und Durchführung Schwangerschaftsabbruch.

[44] § 4 Abs. 1 Nr. 3 TFG (Ausnahme § 28 TFG): Entnahme von Blut und Blutbestandteilen.

[45] § 3 Abs. 1 S. 1 Nr. 3 TPG: Entnahme menschlicher Organe, Organteile und Gewebe.

[46] § 1 Abs. 1 S. 1 Zahnheilkundegesetz: Zahnheilkunde darf ausschließlich nur von approbierten Zahnärzten ausgeführt werden.

Inwieweit oder inwiefern eine entsprechende Arbeitsteilung bei der Leistung der vertraglich geschuldeten medizinischen Behandlung vertragsgemäß ist, richtet sich prinzipiell (theoretisch) danach, **was hierzu ausdrücklich beim Abschluss des Behandlungsvertrages vereinbart** wurde. Theoretisch bedarf es daher keines Rückgriffs auf allgemeine gesetzliche Vorgaben. **77**

- **Tatsächlich** wird hierüber aber im Vorfeld zumeist nicht weiter gesprochen, da der Patient regelmäßig die fachmedizinischen, und insbesondere hieraus im Einzelfall erwachsenden organisatorischen wie personellen Anforderungen nicht näher kennt und auch nicht kennen muss. Sein Vertragspartner, der Behandelnde, steht ihm dafür gerade, dass die medizinische Behandlung nach den bewährten Regeln der ärztlichen Kunst, der *lex artis,* erbracht wird. Die in § 630a Abs. 2 BGB angesprochenen – zum Zeitpunkt der Behandlung geltenden – „allgemein anerkannten fachlichen Standards“ stellen in diesem Zusammenhang, juristisch gesehen, eine spezifische Auslegungshilfe dar. Um konkret brauchbare Informationen zu den „üblichen Gepflogenheiten“ zu erhalten, benötigt man das entsprechende fachmedizinische Know-how, evtl. auch zu fachübergreifender Zusammenarbeit, über das nur ein medizinischer Sachverständiger Auskunft geben kann. – Ein Rückgriff auf das allgemeine Dienstvertragsrecht (dort insbesondere § 613 BGB) wäre *diesbezüglich* sicherlich nicht weiterführend; dort wird nur eine Aussage für Zweifelsfälle getroffen, die bei *einem* vertraglich verpflichteten Behandelnden auftreten können (hierzu Rn. 78).
- Wenn hierzu von den Vertragsschließenden etwas besprochen worden sein sollte, ist *in Zweifelsfällen* durch Auslegung (§§ 133, § 157 BGB) zu ermitteln, was die Vertragschließenden diesbezüglich vereinbaren wollten. Es empfiehlt sich, damit es zu diesen Zweifelsfällen nicht kommt, schon aus Beweisgründen schriftlich niederzulegen, wenn von fachmedizinischen Üblichkeiten abgewichen werden soll.[47] Letzteres kommt in der Sache regelmäßig nur in Betracht, wenn es um eine „Überschreitung“ des Facharztstandards geht.

Nach der allgemeinen (!) Grundregel des Dienstvertragsrechts **(§ 613 BGB)** ist eine Dienstleistung *im Zweifel höchstpersönlich* zu erbringen und darf nicht übertragen werden, es sei denn hierzu wurde konkret etwas vereinbart. Dies gilt beim Behandlungsvertrag eben nur sehr eingeschränkt – insoweit sind die Regelungen in den §§ 630a BGB ff. als vorrangige Spezialregelungen anzusehen. Auf das allgemeine Dienstvertragsrecht kann es daher angesichts der (ausdrücklich oder durch schlüssiges Verhalten vereinbarten) „Üblichkeiten“ nicht mehr ankommen. **78**

---

[47] Hierzu s. bereits zu den zulässigen Inhalten von Behandlungsverträgen und den rechtlichen Grenzen, Rn. 39, 51.

III. Kündigung aus wichtigem Grund

79 Schließlich ist, nach wie vor, der Behandlungsvertrag – wie der Dienstvertrag auch – aus wichtigem Grund mit sofortiger Wirkung kündbar (Kündigungsfrist: binnen zwei Wochen ab Kenntniserlangung vom wichtigen Grund, § 626 Abs. 2 S.1 BGB). Insoweit findet § 626 BGB vollumfänglich Anwendung.

80 Wichtige Gründe für die umgehende Beendigung des an sich noch nicht abgeschlossenen Behandlungsverhältnisses (Behandlungsabbruch) sind sowohl auf Patienten- wie auf Behandelndenseite denkbar, zB bei schweren Verfehlungen gegen die andere Vertragspartei. Ein bereits (bei abgrenzbaren Teilschritten: teilweise) entstandener Vergütungsanspruch des Behandelnden wird hierdurch regelmäßig nicht berührt.

IV. Vertragspflichtverletzungen

81 Der Gesetzgeber überlässt die Frage, was bei schuldhaften Verletzungen der Pflichten aus dem Behandlungsvertrag gilt, der sog. „Regelungssystematik innerhalb des BGB“. Sind keine spezifischen Haftungsnormen vorhanden (in den Spezialregelungen zu einem Vertragstyp im Schuldrecht besonderer Teil), dann greifen die allgemeinen schuldrechtlichen Regelungen.

82 Vorliegend bedeutet dies, dass eine vom Behandelnden begangene Vertragspflichtverletzung, also sowohl von Haupt- als auch von Sekundärpflichten, auf § 280 BGB gestützt werden muss, der unter der Überschrift „Schadensersatz wegen Pflichtverletzung“ lautet: *„Verletzt der Schuldner eine Pflicht aus dem Schuldverhältnis, so kann der Gläubiger Ersatz des hierdurch entstehenden Schadens verlangen. Dies gilt nicht, wenn der Schuldner die Pflichtverletzung nicht zu vertreten hat.“*

83 Der Kläger, also der Patient, muss **grundsätzlich**[48] alle Voraussetzungen, die den Anspruch begründen, beweisen, also:

- Die aus dem Behandlungsvertrag herrührende **Pflichtverletzung** durch den Behandelnden.
  Dies betrifft **zum einen** die Hauptleistungspflicht der medizinischen Behandlung des Patienten, **zum anderen** jedoch auch die Verletzung einer oder mehrerer der Sekundärpflichten der §§ 630cff. BGB, also der Erläuterungs-, Informations- und Offenbarungspflicht, der Aufklärungspflicht, der Pflicht zur Einholung der Einwilligung.
- Die Ursächlichkeit der Pflichtverletzung für einen beim Patienten eingetretenen Schaden (sog. haftungsbegründende Kausalität).
  Hier kommen ggf. Beweiserleichterungen in Betracht.

---

[48] Zu den beweisrechtlichen Sonderregeln, gerade bei Ansprüchen aus Behandlungsvertrag, s. aber Rn. 253.

- Das Verschulden des Behandelnden, das die Pflichtverletzung zur Folge hatte, also, dass der Behandelnde die Pflichtverletzung „zu vertreten“ hat.
  Hier kommen ggf. Beweiserleichterungen in Betracht.
- Das **Ausmaß** des eingetretenen Schadens:[49]
  Materieller Schaden wie zB Heilbehandlungskosten, Vermehrte Bedürfnisse, Erwerbs- und Fortkommensschaden, Haushaltsführungsschaden, Rentenschaden, Familienplanungsschaden und Immaterieller Schaden (Schmerzensgeld)[50] (sog. haftungsausfüllende Kausalität).

V. Sonderregelungen der §§ 630cff. BGB zu behandlungsvertraglichen Sekundärpflichten

Im Rahmen eines bestehenden, also bereits begründeten Behandlungsverhältnisses treffen die Parteien diverse, sog. Sekundär- oder Nebenpflichten. Die Nebenpflichten dienen dazu, die **Erreichung des Vertragszwecks** im Interesse beider Vertragsparteien zu unterstützen. Werden schuldhaft von einer Vertragspartei Nebenpflichten verletzt, kann dies im Ergebnis zu Schadensersatzansprüchen der hierdurch geschädigten Partei führen (s. hierzu Rn. 81). **84**

Bisher wurden in der höchstrichterlichen Rechtsprechung die Inhalte der wichtigsten Nebenpflichten, die anlässlich eines Behandlungsverhältnisses bestehen, anhand von Fallgruppen[51] herausgearbeitet (bisher zumeist entwickelt im Zusammenhang mit deliktischen Schädigungen). **85**

Der Gesetzgeber hat sich nun entschieden, hierzu auch konkret formulierte Rechtsnormen in das BGB aufzunehmen und eng an den Behandlungsvertrag zu knüpfen; dies relativiert jedoch nicht die weiterhin vorhandene Bedeutung dieser Pflichten in der außervertraglichen Haftung (§§ 823ff. BGB).[52] **86**

Hierbei differenziert der Gesetzgeber zwischen grundsätzlich bzw. generell bestehenden Mitwirkungs-, Erläuterungs- und Informations- bzw. Offenbarungspflichten (§ 630c Abs. 1 BGB, § 630c Abs. 2 S. 1 BGB sowie § 630c Abs. 2 S. 2, S. 3 BGB) und spezifisch, je nach medizinischer Behandlung, um die es geht, zusätzlich der Pflicht zur Einholung **87**

---

[49] Detailreich und instruktiv zum Medizinschaden: *Zoll* in Wenzel, Der Arzthaftungsprozess, 2012.

[50] *Hacks/Wellner/Häcker/Hacks*, Schmerzensgeldbeträge 2013, 31. Aufl. 2012.

[51] Hierzu instruktiv der Fallgruppenkommentar von *Martis/Winkhart,* Arzthaftungsrecht, 3. Aufl. 2010.

[52] Auch hier kommt es auf die Wirksamkeit einer vom Patienten erteilten Einwilligung an. Hierfür spielt dann auch die vorherige Aufklärung des Patienten eine Rolle, da nur dann die Einwilligung in Kenntnis der entscheidungserheblichen Tatsachen abgegeben wird; war die Aufklärung unzureichend oder fehlte sie gar, dann ist die Einwilligung in einen ärztlich durchgeführten Eingriff in die körperliche Unversehrtheit unwirksam.

der Einwilligung vor einem Eingriff (§ 630d BGB) und der dieser zeitlich vorgelagerten Pflicht zur Aufklärung im engeren Sinn (§ 630e BGB). Die beiden letztgenannten spezifischen Sekundärpflichten haben es „in sich“: Sie greifen ein je nach Art des Eingriffs, Alter und geistiger Verfassung des Patienten in unterschiedlichsten Behandlungssituationen, weshalb aus diesem Anlass regelmäßig weitere zivilrechtliche Regeln zu beachten sind (zB zur Einwilligungs(un)fähigkeit, Geschäfts(un)fähigkeit, gesetzlichen Vertretung durch Eltern, Vormünder, Pfleger, Betreuer, Patientenverfügung und Bevollmächtigte, insbesondere mittels Vorsorgevollmacht).

88 Auch wenn der Gesetzgeber weiter die ärztliche Dokumentationspflicht (§ 630f BGB) und die Pflicht, dem Patienten Einsicht in die Patientenakte (§ 630g BGB) zu gewähren, nun in jeweils gesonderten Vorschriften erfasst, handelt es sich in der Sache doch eigentlich auch um tatsächliche Ausprägungen wünschenswerter Kooperation im Behandlungsverhältnis (hierzu grundlegend bereits § 630c Abs. 1 BGB). Hier hat man sich – nicht zuletzt wegen der Bedeutung der Einhaltung dieser Pflichten, um die Waffengleichheit im Prozess zu bewahren – dafür entschieden, spezifische Sondervorschriften hierzu bereitzustellen. Die Beweislastregelungen (§ 630h BGB) haben dann in diesen Vorschriften klare Anknüpfungsgesichtspunkte.

§ 4. Grundsätzliche Mitwirkungs-, Erläuterungs- und Informations- bzw. Offenbarungspflichten

§ 630c BGB Mitwirkung der Vertragsparteien; Informationspflichten **89**

(1) Behandelnder und Patient sollen zur Durchführung der Behandlung zusammenwirken.

(2) Der Behandelnde ist verpflichtet, dem Patienten in verständlicher Weise zu Beginn der Behandlung und, soweit erforderlich, in deren Verlauf sämtliche für die Behandlung wesentlichen Umstände zu erläutern, insbesondere die Diagnose, die voraussichtliche gesundheitliche Entwicklung, die Therapie und die zu und nach der Therapie zu ergreifenden Maßnahmen. Sind für den Behandelnden Umstände erkennbar, die die Annahme eines Behandlungsfehlers begründen, hat er den Patienten über diese auf Nachfrage oder zur Abwendung gesundheitlicher Gefahren zu informieren. Ist dem Behandelnden oder einem seiner in § 52 Absatz 1 der Strafprozessordnung bezeichneten Angehörigen ein Behandlungsfehler unterlaufen, darf die Information nach Satz 2 zu Beweiszwecken in einem gegen den Behandelnden oder gegen seinen Angehörigen geführten Straf- oder Bußgeldverfahren nur mit Zustimmung des Behandelnden verwendet werden.

(3) Weiß der Behandelnde, dass eine vollständige Übernahme der Behandlungskosten durch einen Dritten nicht gesichert ist oder ergeben sich nach den Umständen hierfür hinreichende Anhaltspunkte, muss er den Patienten vor Beginn der Behandlung über die voraussichtlichen Kosten der Behandlung in Textform informieren. Weitergehende Formanforderungen aus anderen Vorschriften bleiben unberührt

(4) Der Information des Patienten bedarf es nicht, soweit diese ausnahmsweise aufgrund besonderer Umstände entbehrlich ist, insbesondere wenn die Behandlung unaufschiebbar ist oder der Patient auf die Information ausdrücklich verzichtet hat.

I. Kooperation von Behandelndem und Patient anlässlich des Behandlungsverhältnisses

§ 630c BGB Mitwirkung der Vertragsparteien; Informationspflichten **90**

(1) Behandelnder und Patient sollen zur Durchführung der Behandlung zusammenwirken.

(…)

Nach § 630c Abs. 1 BGB besteht, rein der Formulierung nach, die Erwartungshaltung, dass Behandelnder und Patient bei der Durchführung der Behandlung zusammenwirken. Von einer unmittelbaren Pflicht, die dann auch einklagbar wäre, ist nicht die Rede. Sonst würde es zB heißen „haben … zusammenzuwirken“. Auch greift hier nicht die aus dem öffentlichen Recht geläufige Auslegung, ein „sollen“ bedeutet „müssen, es sei denn eine Abweichung ist ausnahmsweise gerechtfertigt“ – sie wäre mit der im Zivilrecht maßgeblichen persönlichen Freiheit der Beteiligten nicht vereinbar. **91**

Die Vorschrift hat daher reinen Appell-Charakter und umschreibt insgesamt und ebenso weitreichend wie „an den Rändern“ unpräzise den Idealzustand der Kooperation zwischen Behandelndem und Patienten an- **92** lässlich einer medizinischen Behandlung, die Inhalt eines Behandlungsvertrages geworden ist.

93 Rechtlich entfaltet dieser Satz daher nur die Bedeutung, dass hier, iSd Förderung optimaler Behandlung, die Vertragsparteien sog. **Obliegenheiten** haben. Dies bedeutet, sollten sie diese Obliegenheit ignorieren, dass es im Ergebnis nicht zur optimalen Erreichung des Vertragszwecks kommt oder kommen kann und sogar in der weiteren Folge für eine dies vernachlässigende Partei Rechtsnachteile eintreten können (zB der behandelnde Arzt, der nicht ordnungsgemäß dokumentiert hat, verliert im Prozess aufgrund einer Beweislastumkehr-Regel, die sich zu seinen Lasten auswirkt).

94 Nach dem Verständnis, das der Gesetzgeber dem Behandlungsvertrag zu Grunde legt, wonach es sich hierbei regelmäßig um eine **Sonderform eines Dienstvertrages** handelt (s. oben), schuldet der Behandelnde zwar **die Durchführung der medizinischen Behandlung,** nicht jedoch den Eintritt eines Erfolges. Dies gilt ohne Rücksicht darauf, dass selbstverständlich bereits nach der *lex artis* dieser Eintritt eines Heilungserfolges oder die möglichst spürbare Linderung eines Leidens stets angestrebt werden. Bekanntermaßen hängt jedoch die Erreichung dieses Ziels nicht allein vom Behandelnden und seinen Maßnahmen und Therapievorschlägen und Eingriffen ab, sondern auch von der Konstitution des Patienten sowie seiner Bereitschaft, verordnete Medikamente begleitend einzunehmen und sich an sonstige Verhaltensempfehlungen des Arztes zu halten. Die letztgenannte, sog. „Patienten-Compliance“ bildet regelmäßig einen wichtigen Erfolgsfaktor im Rahmen der Durchführung von medizinischen Behandlungen.

- Im Falle eines Behandlungsvertrages, der wegen seiner konkret vereinbarten Inhalte einen Werkvertrag darstellt,[53] sind inhaltlich auch die §§ 630cff. BGB (und die sonstigen Sekundärpflichten neben § 630c Abs. 1 BGB) einschlägig. Nach dem Sinn und Zweck der Neuregelung, die ausweislich der Gesetzesbegründung **alle** Behandlungsverhältnisse erfassen sollte, dürfte dann zwar ein „atypischer“ Behandlungsvertrag mit konkret geschuldetem Erfolg vorliegen, im Übrigen aber zur Wahrung der Patientenrechte die §§ 630cff. BGB maßgeblich bleiben.

95 Die Vorschrift des § 630c BGB stellt gewissermaßen einen **Auffangtatbestand** für all diejenigen Aspekte im Behandlungsverhältnis dar, die nicht bereits von den anderen speziellen Normen zu den behandlungsvertraglichen Neben- bzw. Sekundärpflichten angesprochen werden. So

---

[53] S. Rn. 37, zB wird die Erbringung zahnlabortechnischer Leistungen dem insoweit passenden werkvertraglichen Gewährleistungsrecht unterliegen, ohne dass hiermit die Nebenpflichten aus dem Behandlungsverhältnis als solchem wegfallen.

stellt zB die in § 630e BGB normierte Pflicht zur Aufklärung des Patienten eine vorrangige vertragliche Nebenpflicht dar; § 630c Abs. 1 BGB würde erst zum Tragen kommen, wenn zeitlich nicht direkt die Phase der stattfindenden Aufklärung vor einem Eingriff betroffen ist, also etwa weit davor oder eben danach.

Nur **mittelbare Aussagekraft** entfaltet § 630c Abs. 1 BGB bei der **96** Frage von Verschulden (auf Seiten des Behandelnden) und sog. Mitverschulden (auf Patientenseite).

Gerade wenn es um die Einhaltung von medizinischen Verhaltens- **97** empfehlungen geht (sog. „Patienten-Compliance"), bedingt das eine oftmals das andere und umgekehrt: Nur wenn der Behandelnde zielgerichtet eine entsprechende Empfehlung abgibt, hat der Patient die Chance, sein Verhalten hieran bewusst auszurichten. Hat der Behandelnde eine entsprechende Empfehlung abgegeben, ignoriert jedoch der Patient diese Empfehlung, so kann man dem Behandelnden eine hieraus erwachsende Beeinträchtigung oder Behinderung des Eintritts des Behandlungserfolges nicht anlasten.

Welche Lebensführung nun der Patient, der in einem Behandlungsver- **98** hältnis steht, von sich aus wählt, bleibt ihm überlassen. Dieser Bereich unterliegt vollumfänglich der Selbstbestimmung; eine objektive „Pflicht sich selbst gegenüber", sich möglichst ärztlichen Empfehlungen entsprechend zu verhalten, gibt es nicht. Daher kann ein Patient insoweit auch nicht – etwa zivilrechtlich sanktioniert – schuldhaft gegen „Pflichten" verstoßen, die gewöhnlich nur Dritten gegenüber bestehen. Die Vorschrift des § 630c Abs. 1 BGB stammt daher aus einem Bereich, der streng genommen einer Beherrschbarkeit durch Rechtsregeln nur eingeschränkt zugänglich ist. Das Arzt-Patienten-Verhältnis, das historisch gesehen vom Paternalismus des sachlich überlegenen Arztes geprägt war, hat sich zwischenzeitlich zu einem partnerschaftlichen Verhältnis weiterentwickelt, das ein Gegenüber und Miteinander auf „Augenhöhe" erreichen sollte. So kann der Arzt bei sinnhafter Kooperation grundsätzlich davon ausgehen, dass der Patient ihm gegenüber wahrheitsgemäße und vollständige Angaben macht, umgekehrt darf der Patient darauf vertrauen, dass der Arzt ihm diejenigen Fragen stellen wird, die für die Erreichung des Behandlungserfolgs zwingend notwendig geklärt und beantwortet werden müssen. Dies hindert den Patienten nicht, von sich aus weitere Fragen zu stellen, auch wenn der Arzt die Kommunikation mit dem Patienten so kurz wie nötig halten darf. So darf der Arzt regelmäßig bei allgemeiner Frage nach dem „wie geht's?" darauf vertrauen, dass ihm ein geistig gesunder Patient von sich aus zB mitteilt, welche Veränderungen im Schmerzempfinden er genau verspürt.

Aus einer funktionierenden Compliance iSd § 630c Abs. 1 BGB kön- **99** nen potenziell im Einzelfall weitere Nebenpflichten erwachsen. Legt zB der Patient bestimmte – für die konkrete medizinische Behandlung relevante – Aspekte seiner körperlichen Verfassung offen, so kann dies fachmedizinisch gesehen, und dann auch rechtlich, mit entsprechenden Dokumentationspflichten (§ 630f BGB) korrespondieren.

100 Denkt man eine der medizinischen Behandlung förderliche Kooperation zwischen Behandelndem und Patient zu Ende, erwachsen bereits hieraus in der Sache – strenggenommen, ohne dass man es hätte ausformulieren müssen – sämtliche weiteren Sekundärpflichten, die durch das Patientenrechtegesetz in einer eigenen Vorschrift niedergefasst wurden. Dies betrifft zum einen den Bereich der Eingriffsaufklärung[54] anlässlich eines Eingriffs, zu dem die Einwilligung des Patienten eingeholt werden soll,[55] sowie zum anderen die aus medizinischer Sicht sowie im Patienteninteresse erforderliche Dokumentation[56] in der Patientenakte, und die Einsichtnahme-Möglichkeit in diese selbst.[57] Näheres jeweils bei den einzelnen, hierzu ins BGB in den §§ 630c ff. BGB eingefügten Klauseln.

101 **Hinweis:** Aus § 630c Abs. 1 BGB können den Patienten Mitteilungspflichten im Verhältnis zu seinem Behandelnden treffen, zB über eine ansteckende Krankheit. Auch besteht grundsätzlich eine Pflicht, sorgfältig mit der Praxis- oder Klinikeinrichtung umzugehen und sich auch dem nicht-ärztlichen Personal gegenüber nicht in unbotmäßiger Weise zu verhalten.

II. Erläuterungspflichten des Behandelnden (Informationspflichten über die Behandlung)

102 § 630c BGB Mitwirkung der Vertragsparteien; Informationspflichten

(…)

(2) Der Behandelnde ist verpflichtet, dem Patienten in verständlicher Weise zu Beginn der Behandlung und, soweit erforderlich, in deren Verlauf sämtliche für die Behandlung wesentlichen Umstände zu erläutern, insbesondere die Diagnose, die voraussichtliche gesundheitliche Entwicklung, die Therapie und die zu und nach der Therapie zu ergreifenden Maßnahmen. (…)

103 Dem Behandelnden obliegen im Rahmen des bestehenden Behandlungsverhältnisses diverse sog. Informationspflichten. Sie lassen sich wie folgt zusammenfassen: Zum einen geht es generell darum, sicherzustellen, dass der Behandelnde die sog. therapeutische Aufklärung und Sicherungs-Aufklärung vornimmt. Der Gesetzestext umschreibt in § 630c Abs. 2 S. 1 BGB ausführlich, **was inhaltlich** zu Beginn der Behandlung und, soweit erforderlich, in deren weiteren Verlauf zu **erläutern** ist. Konkret geht es stets darum, die Diagnose, die in Betracht kommende Therapie einschließlich therapeutischer Maßnahmen, eine Erörterung der er-

---

[54] § 630e BGB.
[55] § 630d BGB.
[56] § 630f BGB.
[57] § 630g BGB.

hobenen Anamnese, eine Information über eventuelle Untersuchungsoptionen und über die Notwendigkeit von Befunderhebungen, mit dem Patienten zu besprechen. Eingeschlossen werden auch therapiebegleitende sowie nach abgeschlossener Therapie evtl. zu ergreifende weitere Maßnahmen.[58]

Es handelt sich hierbei um eine **für jedes Behandlungsverhältnis** 104
eingreifende **Basis-Anforderung.** Diese „allgemeine" Informationspflicht ist abzugrenzen von der spezielleren Aufklärungspflicht iSd § 630e BGB.

- Der § 630e BGB ist insofern die speziellere und auch vorrangige Norm, die insbesondere dann zusätzlich eingreift, wenn ein Eingriff in die körperliche Unversehrtheit des Patienten ansteht, der seiner Einwilligung bedarf (zB eine Operation). § 630e BGB zielt inhaltlich auf die sog. Selbstbestimmungsaufklärung, dh sie soll dem Patienten eine angemessene Aufklärung über Tragweite, Chancen und Gefahren der konkret ins Auge gefassten medizinischen Maßnahme sichern. Hiervon ausgehend soll er in die Lage versetzt sein, in solider Kenntnis aller maßgeblichen Umstände rechtswirksam seine Einwilligung in den Eingriff zu erteilen.

Demgegenüber zielt die Informationspflicht nach § 630c Abs. 1 BGB 105
auf jedes Behandlungsverhältnis ab, unabhängig davon, ob es zu einem Eingriff kommt bzw., selbst wenn ein Eingriff ansteht, geht es vor allem um den gesamten Zeitraum der Betreuung des Patienten während der gesamten Dauer der medizinischen Behandlung (einschließlich prä- und postoperativer Abschnitte) und eines potenziellen weiteren zukünftigen Verlaufs.

In Konstellationen, in denen der die Behandlung Zusagende nicht der 106
die Behandlung Durchführende ist, muss geklärt sein, wer auf Seiten des vertraglich verpflichteten Behandelnden für die Einhaltung der Informationspflicht verantwortlich zeichnet und für deren korrekte Umsetzung sorgen kann.

- Im Krankenhaus bedeutet dies, dass der Krankenhausträger durch entsprechende Anweisungen an die im Krankenhaus tätigen Ärzte, und gegebenenfalls auch an das Pflegepersonal, die Umsetzung dieser vertraglichen Nebenpflicht nach § 630c Abs. 2 BGB auf den Weg bringen muss. Auch wenn das Krankenhaus nur den organisatorischen Rahmen bereit hält, muss es sicherstellen, wie seitens des bzw. der Behandelnden die entsprechende inhaltliche Abstimmung untereinander stattfindet, wenn zu einer im Ergebnis vollständigen Information des Patien-

---

[58] Dies umfasst zB auch den Hinweis auf eine Produktfehlervermutung, wenn bei dem Patienten ein diesbezüglich in Diskussion befindliches Medizinprodukt zum Einsatz kam.

ten Ärzte verschiedener Fachbereiche zusammenwirken müssen (klassisch: Operateur und Anästhesist). Traditionell ist es eine *rein fachmedizinische Frage,* worüber der Chirurg und worüber der Anästhesist aufzuklären haben. Gleichwohl verbleibt eine Restverantwortung beim Krankenhausträger, dass die beiden sich grundsätzlich darüber abstimmen, welche Informationen beim Patienten aus welcher Richtung ankommen sollen.

107 Bei der Erläuterungspflicht stellen sich in der Sache dieselben Fragen, unter welchen Voraussetzungen der Behandelnde ihr hinreichend nachkommt, wie es der Gesetzgeber aber nur für den spezielleren Fall der Aufklärungspflicht in § 630e BGB geregelt hat:

108 **Auf welche Weise** und **mit welchen Mitteln** der Patient **informiert** werden soll, ist für die bloße Erläuterungspflicht nicht weiter vorgeschrieben oder gar eingeschränkt. Ein gesetzliches Schriftformerfordernis besteht nicht.[59]

- Um der Pflicht Genüge zu tun, sollte aber sichergestellt sein, dass die Information dem Patienten auch zugeht, er sie also zielgerichtet, sei es mündlich, sei es schriftlich, erhält. Das Vorhalten einer (kostenlosen) Info-Hotline zB, die der Patient von sich aus anrufen kann und die Allgemeines zu den vom Behandelnden angebotenen medizinischen Behandlungen mitteilt, reicht hierfür nicht aus, da der Behandelnde nicht sicher sein kann, ob dieses Angebot auch tatsächlich genutzt wird.

109 Auch wenn nicht ausdrücklich angesprochen, werden die Grundsätze, die für die korrekte Wahrnehmung der Aufklärungspflicht geregelt sind, auf die Informationspflicht, die gleichermaßen vom Adressaten verstanden und „zur rechten Zeit" empfangen werden muss, übertragbar sein.

III. Informationspflicht über eigene und fremde Behandlungsfehler

110 § 630c BGB Mitwirkung der Vertragsparteien; Informationspflichten

(…)

(2) (…) Sind für den Behandelnden Umstände erkennbar, die die Annahme eines Behandlungsfehlers begründen, hat er den Patienten über diese auf Nachfrage oder zur Abwendung gesundheitlicher Gefahren zu informieren. Ist dem Behandelnden oder einem seiner in § 52 Absatz 1 der Strafprozessordnung bezeichneten Angehörigen ein Behandlungsfehler unterlaufen, darf die Information nach Satz 2 zu Beweiszwecken in einem gegen den Behandelnden oder gegen seinen Angehörigen geführten Straf- oder Bußgeldverfahren nur mit Zustimmung des Behandelnden verwendet werden.

(…)

---

[59] Hier könnte in geeigneten Fällen wohl auch Textform genutzt werden, auch wenn es § 630c Abs. 2 S. 1 BGB nicht anregt (anders als ausdrücklich § 630e Abs. 2 Nr. 1 BGB). Vgl. hierzu auch Rn. 151.

Etwas versteckt in § 630c Abs. 2 S. 2 und S. 3 BGB – aber **inhaltlich neu in einer gesetzlichen Regelung zu Vertragspflichten** – sind für Behandelnde wie Patienten höchst wichtige Normen, die nicht nur das Verhältnis zwischen Behandelndem und Patient, sondern auch das Verhältnis zwischen Behandelndem und seiner Berufshaftpflichtversicherung[60] sowie das allgemeine Arzt-Berufsrecht und hieraus resultierende Pflichten betreffen. In der Sache geht es um eine in jeder Hinsicht sehr heikle Angelegenheit: Welche Rechtspflichten bestehen eigentlich, wenn der Behandelnde vermuten oder sogar sicher annehmen muss, dass ein Behandlungsfehler passiert ist? Umgekehrt: Inwiefern hat der Patient einen Rechtsanspruch, von tatsächlich vorgefallenen, vermutlich unterlaufenen Behandlungsfehlern zu erfahren, und von wem darf er hierzu Hinweise verlangen? **111**

Grundsätzlich hat in unserer Rechtsordnung traditionell Bestand, dass niemand gezwungen sein kann, sich selbst anzuklagen oder anzuzeigen (lat. „*nemo tenetur se ipsum accusare*“). Gleichwohl, gerade wenn gesundheitliche Gefährdungen zu besorgen sind, wird der Patient ein vitales Interesse daran haben, von einer Fehlbehandlung zu erfahren, schon um Weiterungen und Nachteile für seine Gesundheit abzuwenden, aber letztlich auch um eventuelle Schadensersatzforderungen durchsetzen und/oder eine weitere strafrechtliche Überprüfung sichern zu können. Eine ganz andere, vom Recht nicht regierbare Problemstellung ist in diesem Zusammenhang, auf welche Art und Weise man ein solches „Informations-/Hinweisgespräch“ mit einem gesundheitlich durch einen Behandlungsfehler geschädigten Patienten führt, also etwa zu welchem Zeitpunkt genau und in welchem Rahmen dies stattfindet und welche Worte hierfür gewählt werden. Ist ein Patient tragischer Weise verletzt worden, verdient er alle Unterstützung und Empathie, die er angesichts der schwerwiegenden Tatsachen, die erst einmal zu verarbeiten sind, benötigt. **112**

---

[60] Zu der arzt-berufsrechtlichen Verpflichtung hierzu s. § 21 MBO: „*Der Arzt ist verpflichtet, sich hinreichend gegen Haftpflichtansprüche im Rahmen seiner beruflichen Tätigkeit zu versichern.*“ – Missachtet ein Arzt diese berufsrechtliche Vorgabe, kann dies nach den Vorgaben der jeweils einschlägigen Heilberufekammergesetze der Länder geahndet werden (hier drohen als Sanktion, ggf. kumulativ nebeneinander Rüge, Verweis, Geldbuße bis zu € 50.000,- und der Verlust des aktiven und passiven Kammerwahlrechts). Patienten nützt dies wenig, wenn der Arzt anlässlich gegen ihn erhobener Schadensersatzansprüche insolvent wird. Die rechtspolitische Forderung, hier über eine zB der Kfz-Versicherung vergleichbare Pflicht-Versicherung Abhilfe zu schaffen, mündete in eine – in der Entwurfsfassung zum Patientenrechtegesetz noch nicht enthaltene – Regelung, die in die Bundesärztzeordnung (genau in § 6 Abs. 1 Nr. 5 BÄO) eingeführt wurde: **Neuerdings** kann immerhin als Sanktion das Ruhen der Approbation angeordnet werden, wenn sich ergibt, dass der Arzt nicht ausreichend gegen die sich aus seiner Berufsausübung ergebenden Haftpflichtgefahren versichert ist, sofern kraft Landesrechts oder kraft Standesrechts eine Pflicht zur Versicherung besteht.

1. Inhalt der Pflicht

113 Nach der Regelung in **§ 630c Abs. 2 S. 2 BGB** gilt nun Folgendes:

114 Zunächst – was nicht unwichtig ist – knüpft der Gesetzeswortlaut nicht an die Kategorie (feststehender) *„Behandlungsfehler"* an,[61] sondern an (tatsächliche !) dem Behandelnden erkennbare Umstände, also an konkrete Ereignisse, die die Annahme eines Behandlungsfehlers begründen. Treffender kann man dies wohl daher als **Informationspflicht über einen (aufgrund der erkennbaren Umstände) *vermutlich vorliegenden* Behandlungsfehler** umschreiben. Maßgeblich kann also überhaupt nur die sog. Ex-Ante-Sicht des Behandelnden sein, also wie die Umstände ärztlicherseits eingeschätzt werden, und zwar zeitlich sowohl während der Dauer der gesamten Behandlung, als auch zu dem Zeitpunkt, zu dem der Patient den Behandelnden befragt (unabhängig davon, ob die medizinische Behandlung als solche bereits abgeschlossen ist).[62]

115 Der Grundsatz, dass die Vermutung eines Behandlungsfehlers vom Behandelnden – wegen der dabei mitschwingenden Selbstbelastungstendenz – nicht von sich aus kommuniziert werden muss, bleibt nicht unangetastet. Nur dann, wenn ausgeschlossen ist, dass dieser vermutete Behandlungsfehler (sein Vorliegen unterstellt) weitere gesundheitliche Gefahren für den Patienten mit sich bringt bzw. perspektivisch mit sich bringen kann, **und,** was hinzukommen muss, nur dann, wenn der Patient von sich aus nicht nachfragt, darf der Behandelnde einfach schweigen.

116 Umgekehrt formuliert: Der Behandelnde hat eine Pflicht zur wahrheitsgemäßen Angabe von Umständen, auf die sich eine Fehlervermutung stützen lassen, auch wenn ihm hierdurch eine Selbstbelastung droht, und zwar, voneinander unabhängig, in zwei Situationen:

a) wenn der Patient ihn direkt auf einen möglichen Behandlungsfehler anspricht, oder
b) auch ohne Nachfrage seitens des Patienten: wenn zu besorgen ist, dass gesundheitliche Gefahren durch den vermutlich vorliegenden Behandlungsfehler ausgelöst werden, die unter anderen Umständen nicht zu befürchten gewesen wären.

117 Der Gesetzeswortlaut differenziert weiter nicht danach, ob die Umstände, die den Behandlungsfehler vermuten lassen, mit der Person des Behandelnden selbst oder mit dritten Personen (Behandelnden) zu tun haben: Auf den Punkt gebracht kann also hiernach in diesem Rahmen

---

[61] Grund: Die Einordnung, ob überhaupt ein Behandlungsfehler vorliegt, bedarf bereits jedenfalls auch einer rechtlichen Wertung, die vom Behandelnden nicht verlangt werden kann.

[62] In den Grenzen der Verjährung, s. hierzu unten.

auch die Rechtspflicht des Behandelnden zur „Denunziation" von Berufskollegen bestehen.[63]

- Ein Widerspruch zum ärztlichen Berufsrecht (vgl. § 29 MBO: „(…) *Beanstandungen der ärztlichen Tätigkeit in Gegenwart von Patienten oder Nichtärzten sind zu unterlassen…*") liegt hier gleichwohl nicht vor, da dieses Gebot dann nicht gelten kann, wenn dies wegen Wahrnehmung berechtigter Interessen, wie zB vitaler Gesundheitsinteressen des Patienten, geboten[64] ist.

Überträgt man dies in die Praxis, kann dies alles sehr wohl schwierige Entscheidungssituationen herbeiführen: **118**

Man denke nur an die Frage des Patienten, ohne jeglichen Anlass, ob denn auch wirklich der Behandelnde **zusichern** könne, es sei kein Behandlungsfehler passiert. Wahrheitsgemäß wird man dies nicht immer mit hinreichend sicherer Wahrscheinlichkeit zusichern können, was eine Misstrauensspirale in Gang setzen kann, die in der jeweiligen Situation unter Risikoaspekten völlig unangebracht sein kann. Ob hier eine aus Patientensicht „ausweichende", wenn auch korrekte Antwort weiterhilft, dass nach den erkennbaren Umständen sich aktuell kein Behandlungsfehler vermuten lässt, bleibt zweifelhaft. **119**

Andererseits wird bereits eine allgemein gehaltene Frage wie „War alles in Ordnung?" bereits die Hinweispflicht des Behandlers auslösen. Hat der Patient – im Einzelfall – anlässlich ein- und derselben medizinischen Behandlung mehrere Behandelnde als Vertragspartner (zB das Krankenhaus und parallel hierzu den Chefarzt, mit dem ein Arzt-Zusatzvertrag geschlossen wurde), bleibt zu hoffen, dass die evtl. verschiedenen Ansprechpartner hierzu auch gleiche Angaben machen werden.[65] **120**

Umgekehrt besteht durchaus in der Sache ein gewisser Beurteilungsspielraum: Ob trotz eines unstreitig vorliegenden, nicht regelrechten Zwischenfalls eine Erhöhung der anlässlich des Eingriffs ohnehin bestehenden gesundheitlichen Risiken überhaupt eintritt, kann seitens des Behandelnden ohnehin nur *ex ante* beurteilt werden (also: wie stellt sich die Situation zum maßgeblichen Zeitpunkt der Beurteilung dar, und **nicht:** was hat sich später im weiteren Verlauf herausgestellt, was ursprünglich nicht erkennbar war). Eine umfassende Fürsorgepflicht dahingehend, nun jedem Patienten, quasi prophylaktisch den Satz mitzugeben, dass jedenfalls aktuell eine gesundheitliche Gefahr nicht ersichtlich ist, ist daher sicherlich nicht geboten. **121**

---

[63] Hierzu bereits *Spickhoff* VersR 2013, S. 267, 273.

[64] Spickhoff/*Scholz*, Medizinrecht 2011, MBO § 29 Rn. 8.

[65] Dies ist ein Thema, das insbesondere von Krankenhausträgern ernst genommen werden sollte.

122 Die Hinweispflicht trotz Selbstbelastung unterliegt der regelmäßigen Verjährung, dh sie endet drei Jahre, nachdem der Behandelnde von Umständen Kenntnis erlangt, die die Annahme eines Behandlungsfehlers vermuten lassen. Dies ergibt sich aus den allgemein schuldrechtlichen Regelungen.[66]

2. Versicherungsrecht

123 Weiter sei auf die rechtlichen Anforderungen eingegangen, die sich für einen **Arzt,** der regelmäßig selbst **Versicherungsnehmer** einer Berufshaftpflichtversicherung[67] ist, aus diesem Versicherungsverhältnis ergeben. Seit Inkrafttreten des Patientenrechtegesetzes greift über eine **Änderung der Bundesärzteordnung** eine Verschärfung denkbarer Sanktionsmöglichkeiten, wenn ein Arzt keine Berufshaftpflichtversicherung unterhält.[68] Allerdings hängt das Ob der Anordnung einer scharfen Sanktion wie dem Ruhen der Approbation in der Praxis jeweils von den Umständen des Einzelfalles ab.

124 § 6 Bundesärzteordnung [Ruhen der Approbation]

(1) Das Ruhen der Approbation kann angeordnet werden, wenn (...) 5. sich ergibt, dass der Arzt nicht ausreichend gegen die sich aus seiner Berufsausübung ergebenden Haftpflichtgefahren versichert ist, sofern kraft Landesrechts oder kraft Standesrechts eine Pflicht zur Versicherung besteht.

(...)

125 Generell lässt sich vorausschicken, dass die Versicherung von ihrem Versicherungsnehmer, dem Behandelnden, eine bestimmte Art der Mitwirkung bei der Klärung der Angelegenheit erwarten kann, ob letztlich eine Erstattungspflicht gegeben ist, also ein sog. Haftpflichtanspruch gegeben ist. Geregelt ist dies in den **Allgemeinen Versicherungsbedingungen für die Haftpflichtversicherung (AVH)** geregelt.

- Nach **§ 5 AVH** gilt zusammengefasst Folgendes: Als Versicherungsfall wird das Schadensereignis angesehen, das Haftpflichtansprüche gegen den Versicherungsnehmer zur Folge haben könnte. Dies ist bereits gegeben, wenn der Patient an den Behandelnden, also den Versiche-

---

[66] §§ 195, 199 Abs. 1 Nr. 2 BGB.

[67] § 21 MBO: „Ärztinnen und Ärzte sind verpflichtet, sich hinreichend gegen Haftpflichtansprüche im Rahmen ihrer beruflichen Tätigkeit zu versichern." – In den Länderberufsordnungen ist dies jeweils entsprechend umgesetzt.

[68] Der anspruchstellende Patient hat keinen Anspruch auf Nennung der Berufshaftpflichtversicherung des Behandlenden (AG Dorsten MedR 2005, 102). Der Behandelnde kann Interesse daran haben, den zB unbegründeten Anspruch selbst abzuwehren, um nicht in die Gefahr einer Kündigung des Versicherungsvertrages oder einer Prämienerhöhung zu geraten. Allerdings kann der Arzt seinen Freistellungsanspruch gegen den Versicherer nach § 108 VVG an den Patienten abtreten, dann ist auch der Versicherer passivlegitimiert, dh der Patient müsste dann den Versicherer anstatt den Arzt verklagen.

rungsnehmer, herantritt und ankündigt, Ansprüche aus dem Behandlungsverhältnis erheben zu wollen (= sog. Versicherungsfall). Jeder „Versicherungsfall" in diesem Sinne ist dem Versicherer unverzüglich, spätestens innerhalb einer Woche, schriftlich anzuzeigen. Der Versicherungsnehmer ist sodann verpflichtet, unter Beachtung der Weisungen des Versicherers nach Möglichkeit für die Abwendung und Minderung des Schadens zu sorgen und alles zu tun, was zur Klarstellung des Schadenfalles dient, soweit ihm dabei nichts Unbilliges zugemutet wird. Er hat dem Versicherer bei der Abwehr des Schadens sowie bei der Schadensermittlung und Regulierung zu unterstützen, ihm ausführlich und wahrheitsgemäße Schadensberichte zu erstatten, alle Tatumstände, welche auf den Schadensfall Bezug haben, mitzuteilen und alle nach Ansicht des Versicherers für die Beurteilung des Schadensfalls erheblichen Schriftstücke einzusenden.
- Ganz wichtig ist nun Abs. 5 des § 5 AVH: Hiernach ist **der Versicherungsnehmer** insbesondere **nicht berechtigt, ohne vorherige Zustimmung des Versicherers ganz oder zum Teil oder vergleichsweise anzuerkennen, dass eine Erstattungspflicht des Versicherers besteht.** Würde der Versicherungsnehmer gegen diese Vorgaben insgesamt verstoßen, käme es zu der rechtlichen Konsequenz (gleichfalls in § 5 geregelt), wonach der Versicherer von seiner Leistungspflicht frei wird. Allerdings gilt dies nicht ganz uneingeschränkt, da diese Rechtsfolge nicht eintritt, wenn der Versicherungsnehmer *„nach den Umständen die Befriedigung oder Anerkennung nicht ohne offenbare Unbilligkeit verweigern konnte"*.

Was bedeutet dies nun konkret für den behandelnden **Arzt,** der zugleich **Versicherungsnehmer** einer Berufshaftpflichtversicherung ist? **126**

- Nach den Allgemeinen Versicherungsbedingungen für Haftpflichtversicherungen ist es dem Behandelnden (= Versicherungsnehmer) also nicht untersagt, den Patienten darüber zu informieren, dass ihm selbst ein Behandlungsfehler unterlaufen sein kann. Die bloße Unterrichtung über die Umstände, aus denen sich die Vermutung eines Behandlungsfehlers ergibt, ist also gänzlich unproblematisch. – Nicht zulässig wäre hingegen, mitzuteilen, es liege hier (wahrscheinlich) ein Behandlungsfehler vor, aber die Haftpflichtversicherung würde sowieso „alles übernehmen". Oder „die Haftpflichtversicherung wird für die Kostenübernahme von Schadensersatz- und Schmerzensgeldansprüchen entsprechend sorgen."
- Mit anderen Worten: Ein Arzt darf – rein versicherungsrechtlich gesehen – zu allem etwas sagen, nur **nicht dazu, ob im Ergebnis seine Berufshaftpflichtversicherung den entstandenen Schaden deckt.** Dies ist insoweit auch konsequent, als die Haftpflichtversicherung, gegebenenfalls dann auch in einem gerichtlichen Verfahren, prüfen kön-

nen muss, ob tatsächlich ein Versicherungsfall gegeben ist. Oftmals wird in der Praxis gerade nicht eindeutig zu entscheiden sein, ob ein schuldhaft zurechenbarer Behandlungsfehler überhaupt unterlaufen ist. – Unproblematisch wäre sogar *versicherungsrechtlich,* sich zur persönlichen Beteiligung und hiermit, ohne dies auszusprechen, zu einer vermutlich auch schuldhaften, also fahrlässigen Mit-Verursachung zu bekennen. Anders als im Straßenverkehrsrecht/im Straßenverkehrshaftpflichtrecht wäre also – rein versicherungsrechtlich (!) – ein „Schuldanerkenntnis" durch den Behandelnden unschädlich.

- **Zu Verschuldensfragen,** also ob die im Verkehr erforderliche Sorgfalt außer Acht gelassen und (leicht/grob) fahrlässig gehandelt wurde, muss sich der Behandelnde aber bereits nach § 630c Abs. 2 S. 2 BGB nicht äußern: Hiernach genügen Angaben zu den medizinischen Tatsachen (Umständen) und der Behandlungsfehlervermutung als solcher. Vorsicht: Ein „Schuldanerkenntnis" durch den Behandelnden verpflichtet in jedem Falle den Behandelnden persönlich, also unabhängig von seiner Haftpflichtversicherung. Hüten sollte sich der versicherte Arzt daher vor Äußerungen, die ihn in einer aktiven, womöglich sogar grob fahrlässig oder vorsätzlich schädigenden Rolle zeigen, da dann ein Laie eher ein Schuldanerkenntnis hineininterpretiert (gefährlich: *„Ich habe Ihren Harnleiter durchtrennt und übernehme selbstverständlich die Verantwortung."* – besser: *„Bedauerlicherweise wurde Ihr Harnleiter verletzt, das tut mir/uns sehr leid. Selbstverständlich wirke ich an der erforderlichen Klärung der Angelegenheit mit, die von meiner Haftpflichtversicherung federführend übernommen wird."*).

127 Vergleichbares gilt, wenn der Behandelnde ein **Krankenhaus** ist, da in den **Betriebshaftpflichtversicherungen** inhaltlich vergleichbare Regeln Anwendung finden. Wenn parallel mehrere Behandelnde iSd § 630a BGB vorhanden sind, wenn also der Krankenhausträger als Behandelnder andere Informationen herausgibt, als der Chefarzt als aus dem Arztzusatzvertrag Behandelnder, wird dies das Misstrauen und die Klagebereitschaft von Patienten steigern. – Hieraus erwächst für Krankenhausträger die Aufgabe (oder gar Obliegenheit), vorab generell mit seinen Ärzten, die Arzt-Zusatzverträge schließen, zu klären, wie ein vernünftig im Vorfeld abgestimmtes Verfahren dazu beitragen kann, so etwas zu vermeiden.

3. Konsequenzen bei Schweigen

128 Verbleibt die Frage, **was passiert, wenn der Behandelnde** – obwohl die Voraussetzungen für einen Hinweis an den Patienten gegeben sind – **schweigt.** Dies kann nur dann problematisch sein, wenn sich später tatsächlich herausstellt, dass bereits ex-ante erkennbare Umstände für den Behandlungsfehler vorhanden waren. Rein rechtlich muss der Behandelnde dem Patienten also nicht mündlich oder gar schriftlich „bestäti-

gen", dass alles in Ordnung oder Regel gerecht war; in der Sache übernimmt diese Funktion ohnehin oftmals die erforderliche medizinische Dokumentation (zB die Inhalte eines Arztbriefes an den Nachbehandler), die der Patient auch einsehen könnte.

Eine unmittelbare strafrechtliche Sanktion ist wegen des „nemo tenetur"-Grundsatzes (s. oben) nicht zu befürchten. Erleidet der Patient durch das pflichtwidrige Unterlassen des Fehler-Hinweises durch den Behandelnden einen hierauf zurückzuführenden weiteren (als den durch den Behandlungsfehler bereits ohnehin eingetretenen (!)) Gesundheitsschaden, kann dies nach § 280 Abs. 1 BGB[69] sehr wohl eine zusätzliche zivilrechtliche Haftung (dh neben der ohnehin gegebenen Haftung für den Behandlungsfehler) auslösen. Demgegenüber etwas abgeschwächt ist das Risiko eines unterlassenen Hinweises, wenn der zweitbehandelnde Arzt den erstbehandelnden Arzt, dem nach den Umständen, die dem Zweitbehandelnden erkennbar sind, vermutlich ein Fehler unterlaufen ist, nicht „belastet": Da der Patient dann bereits durch den Erstbehandler geschädigt wurde, fehlt es dem Patienten an einem Haftungsanspruch gegenüber dem Zweitbehandler. Der Patient kann hier nur dann gegen den Zweitbehandler noch vorgehen, wenn sein unterlassener Hinweis auf den Fehler des Erstbehandlers bei ihm – etwa wegen *hierdurch* verursachter Verzögerungen im Heilungsverlauf – zu einer Schadensvergrößerung geführt hat. 129

4. Konsequenzen bei Information

Die nächste Frage, die im vorliegenden Zusammenhang auftritt, ist, wie es denn für den betroffenen Behandelnden weitergeht, wenn er gegenüber dem Patienten einen vermutlichen Behandlungsfehler andeutet bzw. einräumt. 130

- Hier ist an sich Transparenz in jeder Hinsicht gefordert. Da der Patient ohnehin das Recht hat, jederzeit seine Krankenunterlagen einzusehen, dient es in dieser Situation aller Erfahrung nach eher der Deeskalation, proaktiv anzubieten, dass dies ermöglicht und selbstverständlich die Haftpflichtversicherung informiert wird. Eine Pflicht hierzu besteht nicht. Auf konkrete Aufforderung des Patienten hin muss ihm allerdings sogar eine vollständige Abschrift aus der Krankenakte ausgehändigt werden.[70]

Weiter trifft nun **§ 630c Abs. 2 S. 3 BGB** folgende Regelung, die einen Behandelnden, wenn er sich selbst durch Hinweise auf einen vermutlichen Behandlungsfehler belastet hat, schützen soll: Die Information, die an den Patienten gegangen ist, dürfte zu Beweiszwecken in ei- 131

[69] Hierzu s. Rn. 81.
[70] Näheres hierzu in § 630f BGB.

nem anschließend **gegen ihn anhängig gemachten Straf- oder Bußgeldverfahren** nur mit seiner Zustimmung verwendet werden.

- Im Gesetz steht nun also ein sog. **Beweismittelverbot,** dh hat sich der Behandelnde selbst durch Angaben zu einem vermutlichen Behandlungsfehler belastet, so darf dieser Beweis (hier etwa: das „Geständnis" eines vermutlich schuldhaft unterlaufenen Behandlungsfehlers) in den genannten Verfahren **grundsätzlich** überhaupt nicht zur Sprache kommen. Selbst wenn er erwähnt würde, dürfte dieser Beweis nicht verwertet werden, dh man dürfte sich argumentativ hierauf nicht stützen.
- Nur im **Ausnahmefall,** also nur wenn der Behandelnde und Hinweisgeber dies ausdrücklich gestattet hat, dürfte der Beweis der Beteiligung oder gar Schuld herangezogen werden.

132 Das klingt jedoch besser, als es im Ermittlungsverfahren tatsächlich laufen kann: Leider berühren die vorliegenden Regelungen nicht die grundsätzliche straf- und ordnungswidrigkeiten-verfahrensrechtliche **Möglichkeit, den Patienten oder sogar Praxis- oder Krankenhauspersonal als unmittelbare Zeugen darüber zu vernehmen, was genau der Behandelnde dem Patienten gegenüber eingestanden hat.**

- Das Beweismittelverbot läuft dann faktisch leer, da unser Strafrecht eine sog. „Fernwirkung" von Beweisverwertungsverboten (wie zB aber die *„fruit-of-the-poisonous-tree-doctrine"* im anglo-amerikanischen Rechtskreis, die im übertragenen Sinne verbietet, Früchte eines vergifteten Baumes zu essen, also über einen verbotenen Beweis an andere Beweise bzw. Beweismöglichkeiten zu gelangen) nicht kennt. Man würde also strafprozessrechtlich keine Probleme haben, die fehlende Verwertbarkeit des ärztlichen Hinweises auf den vermutlichen Behandlungsfehler dadurch zu umgehen bzw. in der Sache wieder einzuführen, dass hierzu Zeugenaussagen eingeholt werden.
- Hieraus resultiert für den Behandelnden ein Dilemma, da er einerseits um nachzuweisen, dass er für Risiko- und Schadensbegrenzung gesorgt hat, belegen können sollte, dass er den Patienten informiert hat, andererseits aber weitere potenzielle Zeugen (Dritte) über diesen Vorgang möglichst nicht Bescheid wissen sollten.

133 Nachdem in der Norm nur Straf- und Ordnungswidrigkeiten-Verfahren genannt werden, und dies auch bewusst so erfolgte, muss im Umkehrschluss zusätzlich davon ausgegangen werden, dass zB in Zivilverfahren oder arztberufsrechtlichen, approbationsrechtlichen oder (vertragsärztlich-)disziplinarrechtlichen Verfahren dieses Beweismittelverbot nicht gilt.

- Solange der Behandelnde also bei seinem Hinweis ausdrücklich keine Schuld einräumt, dürfte dies ihm insoweit nicht allzu sehr schaden – sieht man einmal von dem auch in diesen Verfahren stets möglichen Zeugennachweis (s. oben) einmal ab.

IV. Informationspflicht über wirtschaftliche Folgen der Behandlung

§ 630c BGB Mitwirkung der Vertragsparteien; Informationspflichten 134

(…)

(3) Weiß der Behandelnde, dass eine vollständige Übernahme der Behandlungskosten durch einen Dritten nicht gesichert ist oder ergeben sich nach den Umständen hierfür hinreichende Anhaltspunkte, muss er den Patienten vor Beginn der Behandlung über die voraussichtlichen Kosten der Behandlung in Textform informieren. Weitergehende Formanforderungen aus anderen Vorschriften bleiben unberührt

(…)

Speziell in **§ 630c Abs. 3 BGB** geregelt ist die **Informationspflicht** 135 **zu den wirtschaftlichen Folgen der Behandlung** (sog. wirtschaftliche Aufklärung). Sie gehört an sich der Sache nach zur Basis-Information (iSd § 630 Abs. 2 S. 1 BGB), betrifft jedoch nicht vornehmlich medizinische Inhalte, sondern die aus diesem Anlass entstehenden rein wirtschaftlichen Konsequenzen.

Wichtig zu wissen ist, dass hier der Gesetzgeber **keine Pflicht des** 136 **Behandelnden zu umfassender wirtschaftlicher Beratung** des an sich mündigen Patienten festgeschrieben hat.

Vielmehr knüpft die Norm nur eingeschränkt an ein **konkretes positi-** 137 **ves Wissen des Behandelnden,** dass eine vollständige Übernahme **der absehbar konkret entstehenden Behandlungskosten** durch einen Dritten (Private Krankenversicherung oder auch Gesetzliche Krankenversicherung) nicht gesichert ist oder möglicherweise gefährdet ist (aufgrund hinreichender Anhaltspunkte). Ob der Behandelnde – gerade zu den sich ständig ändernden Leistungspflichten der Kostenträger innerhalb des Rechts der Gesetzlichen Krankenversicherung – solch ein überlegenes Wissen tatsächlich hat, sei dahingestellt. Jedenfalls mutet ihm der Gesetzgeber nun zu, dass er sich an diesem Idealzustand messen lassen muss.

Bei einem pflichtwidrigen **Verstoß gegen die wirtschaftliche Infor-** 138 **mationspflicht** konnte bisher[71] der Patient dem Zahlungsanspruch des Behandelnden eine Einrede entgegen halten, die ihn zur Leistungsverweigerung berechtigte. Nun kann der Patient, der sich auf eine Verletzung des § 630c Abs. 3 BGB beruft, dem Zahlungsanspruch seinen Schadensersatzanspruch aus § 280 Abs. 1 BGB entgegenhalten, der ihn von der Zahlungsverpflichtung befreit.

Hinweis: Eine inhaltlich falsche Angabe („ins Blaue hinein") stellt im 139 Ergebnis ebenso eine Verletzung der Sekundärpflicht zur wirtschaftlichen Aufklärung dar wie eine gänzliche Unterlassung.

Die Gesetzesbegründung führt, ohne dass dies aus dem Gesetzestext 140 hervorgeht, aus, dass diese wirtschaftliche Informationspflicht vor allem

[71] BGH VersR 2000, 999.

Vertragsärzte gegenüber den gesetzlich versicherten Patienten betreffe.[72] Die Private Krankenversicherung liege *„grundsätzlich im Verantwortungsbereich des Patienten, es sei denn der Behandler hat einen Informationsvorsprung“*.[73]

- Dies bedeutet, dass der Behandelnde nicht aktiv von sich aus nachzufragen hat, ob der Patient sich die medizinische Behandlung auch leisten könne.
- Umgekehrt setzt die Norm jedoch voraus, dass es bereits generell Fallkonstellationen gibt bzw. geben kann, in denen von vornherein feststeht, dass nicht unerhebliche Behandlungskosten beim Patienten verbleiben werden: Dies sind zum einen bei gesetzlich Versicherten sog. **IGel-Leistungen**[74] und zum anderen wohl – trotz restriktiver Gesetzesbegründung – das **länderspezifische Beihilferecht** für Privatpatienten sowie generell Selbstzahlerleistungen wie **medizinisch nicht notwendige ärztliche Heilbehandlung.** Für diese Fälle sollte man nun mehr von einer generellen Informationspflicht ausgehen.

141 Um den Patienten bei einer vorhandenen wirtschaftlichen Informationspflicht zu schützen, hat man eine **neue (!) Formvorschrift** aufgenommen. § 630c Abs. 3 BGB legt fest, dass der Patient vor Beginn der Behandlung über die voraussichtlichen Kosten der Behandlung in Textform informiert werden muss.

- **Textform iSd § 126b BGB** bzw. der UN-Behindertenrechtskonvention bedeutet Folgendes: Die Erklärung muss in einer Urkunde oder auf andere zur dauerhaften Wiedergabe in Schriftzeichen geeignete Weise abgegeben sein, die Person des Erklärenden genannt werden und der Abschluss der Erklärung durch Nachbildung der Namensunterschrift oder anders erkennbar gemacht werden. Dies bedeutet, dass Formulare verwendet werden können, die vollständig, einschließlich einer Faksimile-Unterschrift, vorgedruckt sein können und, neben den voraussichtlich zu erwartenden Kosten einer bestimmten Behandlung, auch den Namen des Behandelnden ausweisen.
- Wichtig ist noch, dass selbstverständlich **anderweitige Formvorschriften** (hierzu s. bereits Rn. 56f.) hiervon unberührt bleiben und noch zusätzlich eingreifen können. Zu beachten ist also, dass eine Wahlleistungsvereinbarung nach § 17 Abs. 2 KHEntgG tatsächlich von den Beteiligten im Original unterschrieben sein muss, damit sie Wirksamkeit entfaltet. Selbstverständlich würde eine solche Vereinbarung,

---

[72] BT-Drs. 17/10488, 33.

[73] BT-Drs. 17/10488, 33. – Eine Gesetzesänderung des § 192 VVG ist geplant, die dem privat Krankenversichertem einen Auskunftsanspruch gegen den Versicherer zum Umfang des Versicherungsschutzes verleiht; vgl. Deutsche Gesellschaft für Versicherte und Patienten, Pressemitteilung 5/2013.

[74] S. hierzu Rn. 35.

sofern sie auch Angaben zu den voraussichtlichen Kosten enthält, dann auch der Textform (mit geringeren Anforderungen) genügen. Eine weitere Sondervorschrift, die eine Information zu den voraussichtlich entstehenden Kosten sicherstellt, enthält § 8 Abs. 8 KHEntgG.

Hinweis: In § 2 Abs. 1a SGB V ist inzwischen normiert, dass in den **142** dort geregelten Fällen über § 630c Abs. 3 BGB hinaus eine Pflicht des Vertragsarztes (= Leistungserbringers) besteht, seinen gesetzlich versicherten Patienten bei einem Kontakt mit seiner gesetzlichen Krankenkasse bei offenstehenden Fragen einer Kostenübernahme auch sachlich zu unterstützen *(„Versicherte mit einer lebensbedrohlichen oder regelmäßig tödlichen Erkrankung oder mit einer zumindest wertungsmäßig vergleichbaren Erkrankung, für die eine allgemein anerkannte, dem medizinischen Standard entsprechende Leistung nicht zur Verfügung steht, können auch eine von Absatz 1 Satz 3 abweichende Leistung beanspruchen, wenn eine nicht ganz entfernt liegende Aussicht auf Heilung oder auf eine spürbare positive Einwirkung auf den Krankheitsverlauf besteht. Die Krankenkasse erteilt für Leistungen nach Satz 1 vor Beginn der Behandlung eine Kostenübernahmeerklärung,* ***wenn Versicherte oder behandelnde Leistungserbringer dies beantragen.****(…)").*

V. Verzicht auf Erläuterungen bzw. Informationen seitens des Patienten

§ 630c BGB Mitwirkung der Vertragsparteien; Informationspflichten **143**

(…)

(4) Der Information des Patienten bedarf es nicht, soweit diese ausnahmsweise aufgrund besonderer Umstände entbehrlich ist, insbesondere wenn die Behandlung unaufschiebbar ist oder der Patient auf die Information ausdrücklich verzichtet hat.

In § 630c Abs. 4 BGB ist ausdrücklich vorgesehen, dass die in § 630c **144** Abs. 1, Abs. 2 S. 1, Abs. 2 S. 2 und Abs. 3 BGB geregelten **Informationspflichten** unter bestimmten Umständen **ausnahmsweise (!) entfallen.** Als Ausnahmefall umschreibt das Gesetz „die Entbehrlichkeit auf Grund besonderer Umstände". Es ist nicht abschließend geregelt, in welchen Fällen dies überhaupt gegeben sein kann. Das Gesetz nennt über eine „insbesondere"-Regelung zwei Beispielsfälle, in denen solche besonderen Umstände vorliegen, ohne dass dies inhaltlich eine abschließende Regelung darstellt:

Informationspflichten bestehen jedenfalls nicht, wenn **145**

1. die Behandlung unaufschiebbar ist (zB ein medizinischer Notfall vorliegt).
   Stets aufschiebbar ist eine medizinische nicht notwendige Behandlung; hier müssen die gesetzlichen Informationspflichten also immer (!) wahrgenommen werden.

sowie/oder

2. wenn der Patient auf die Information **ausdrücklich verzichtet** hat.

146 Ein solcher ausdrücklicher Verzicht durch den Patienten wird regelmäßig, so auch die Gesetzesbegründung,[75] nur dann vorliegen und anzunehmen sein können, wenn dieser Verzicht deutlich, klar und unmissverständlich von einer insoweit einwilligungsfähigen Person erklärt wird. Ein konkludenter Verzicht, etwa indem der Patient nicht viel mit dem Arzt spricht, oder pauschal sagt, ihm sei „alles Recht", darf nicht als solch ausdrücklicher Verzicht interpretiert werden. Umgekehrt darf der Behandelnde nicht den Verzicht „provozieren" oder „aufdrängen", etwa indem er dem Patienten dies in den Mund legt, zB *„Sie kennen ja die Therapie noch vom letzten Jahr",* da ein Schweigen[76] des Patienten hierauf nicht als Verzicht gedeutet werden dürfte.

147 Nachdem der Wortlaut der Norm allgemein von sämtlichen Informationspflichten spricht, könnte also ein Patient theoretisch auch auf die Informationspflicht über eigene und dritte Behandlungsfehler verzichten. Praktisch dürfte dies nur relevant sein, wenn der Patient bereits antizipiert, also vor Behandlungsbeginn, einen solchen Generalverzicht erklären wollte. Er wird wirksam nur verzichten können, wenn er seine Interessen hierdurch nicht gefährdet, dh ein Verzicht auf die Information über Gesundheitsgefahren wäre unwirksam.

148 Unproblematisch, sofern ausdrücklich erklärt, ist hingegen der Verzicht des Patienten auf die wirtschaftliche Aufklärung nach § 630c Abs. 3 BGB. Die angeordnete Textform wäre dann in einem solchen Einzelfall abbedungen.

149 **Aufgrund besonderer Umstände** kann die Information zB dann entbehrlich sein, wenn der Patient bereits – noch sicher abrufbar – über ausreichende Kenntnisse bzw. Vorwissen aus ähnlichen Vorbehandlungen verfügt. Hier ist jedoch immer zu berücksichtigen, dass der Patient als medizinischer Laie, diese Informationen nicht länger wird speichern können, sodass, selbst wenn es sich um denselben Eingriff handelt, bereits nach Ablauf von 14 Tagen bis 3 Wochen erneut informiert werden muss bzw. sich rückversichert werden muss, ob die Informationen noch vorhanden sind. Gleichfalls kann es im Einzelfall einen besonderen Umstand darstellen, wenn der Patient selbst über die erforderliche ärztliche Sachkunde verfügt.

150 Keinesfalls eröffnet § 630c Abs. 4 BGB den Weg für Behandelnde, sich unter Berufung auf ihr „therapeutisches Privileg" auf eine Entbehrlichkeit von Basisinformationen zurück zu ziehen.

---

[75] BT-Drs. 17/10488, 34.

[76] Schweigen kommt im Bürgerlichen Recht keine rechtliche Bindungswirkung zu.

VI. Form?

Hinweis: Ein evtl. **Beweiserfordernis,** dass vertragliche Nebenpflichten aus dem Behandlungsvertrag eingehalten worden sind (etwa: der Patient wurde korrekt über die Risiken des bevorstehenden Eingriffs informiert **und** aufgeklärt), **läuft in der Praxis oftmals faktisch auf Schriftlichkeit, jedenfalls in Textform, hinaus.** **151**

§ 5. Pflicht zur Einholung der Einwilligung vor Durchführung medizinischer Maßnahme einschließlich Pflicht zur Eingriffs-Aufklärung

152 Die nachfolgende Darstellung weicht bewusst von der Trennung im Gesetz ab, die zu den beiden Sekundärpflichten „Einholung der Einwilligung vor Durchführung der medizinischen Maßnahme" und der hiermit eng in Zusammenhang stehenden, da ihr zeitlich vorgelagerten, Pflicht zur Aufklärung in den bevorstehenden Eingriff (Eingriffs-Aufklärung) zwei Paragraphen bereithält, § 630d BGB (Überschrift „Einwilligung") und § 630e BGB (Überschrift „Aufklärungspflichten").

153 § 630d BGB Einwilligung

(1) Vor Durchführung einer medizinischen Maßnahme, insbesondere eines Eingriffs in den Körper oder die Gesundheit, ist der Behandelnde verpflichtet, die Einwilligung des Patienten einzuholen. Ist der Patient einwilligungsunfähig, ist die Einwilligung eines hierzu Berechtigten einzuholen, soweit nicht eine Patientenverfügung nach § 1901a Absatz 1 Satz 1 die Maßnahme gestattet oder untersagt. Weitergehende Anforderungen an die Einwilligung aus anderen Vorschriften bleiben unberührt. Kann eine Einwilligung für eine unaufschiebbare Maßnahme nicht rechtzeitig eingeholt werden, darf sie ohne Einwilligung durchgeführt werden, wenn sie dem mutmaßlichen Willen des Patienten entspricht.

(2) Die Wirksamkeit der Einwilligung setzt voraus, dass der Patient oder im Falle des Absatzes 1 Satz 2 der zur Einwilligung Berechtigte vor der Einwilligung nach Maßgabe von § 630e Absatz 1 bis 4 aufgeklärt worden ist.

(3) Die Einwilligung kann jederzeit und ohne Angabe von Gründen formlos widerrufen werden.

154 **§ 630d BGB** knüpft inhaltlich an folgendes Geschehen an: Eine medizinische Maßnahme ist regelmäßig mit einem Eingriff in die körperliche Unversehrtheit und Integrität des Patienten verbunden. Die medizinische Behandlung kann daher nur dann erfolgen, wenn der Eingriff rechtmäßig erfolgt. Rechtmäßig ist der Eingriff immer dann, wenn der Patient vorab hierin wirksam eingewilligt hat. Nichts anderes sagt § 630d Abs. 1 S. 1 BGB. Die Norm formuliert die **vertragliche (Sekundär-)Pflicht des Behandelnden,** eine solche Einwilligung des Patienten vor Durchführung der medizinischen Maßnahme einzuholen. Damit wird diese Pflicht zur Einholung der Einwilligung zu einer vertraglichen Nebenpflicht, an deren Verletzung gegebenenfalls Schadensersatzansprüche anknüpfen können.[77] – Flankierend hierzu stellt § 630d Abs. 1 S. 2 und 3 BGB **Sonderregeln** für den Fall der **Einwilligungsunfähigkeit des Patienten** zur Verfügung. Weiter wird, allerdings etwas überraschend erst in Abs. 2, aber auch auf allgemeine Wirksamkeitsanforderungen einer Einwilligung

[77] Näheres hierzu Rn. 77.

Bezug genommen.[78] – Insgesamt betrachtet enthält § 630d BGB, leider nicht leicht erkennbar voneinander abgegrenzt, Regeln zu der behandlungsvertraglichen Pflicht, vor Durchführung einer medizinischen Maßnahme die Einwilligung des Patienten einzuholen, aber auch allgemeine Aussagen zur Wirksamkeit der Einwilligung als solcher (zB gibt es einen Hinweis auf die Widerruflichkeit der Einwilligung, während ausdrücklich auf weitergehende Anforderungen an die Einwilligung aus anderen Vorschriften Bezug genommen wird, §§ 630d Abs. 1 S. 3 und Abs. 3 BGB).

- Was im Einzelnen eine **medizinische Maßnahme** darstellt, wird vom BGB nicht näher definiert. In der Norm wird nur erwähnt, dass insbesondere der Eingriff in den Körper oder die Gesundheit des Patienten darunter fallen. Laut Gesetzesbegründung sollen dies aber auch alle sonstigen therapeutischen und diagnostischen Maßnahmen im Rahmen einer Behandlung sein. Geschützt ist damit auch die Sphäre der körperlichen Unversehrtheit,[79] die gegebenenfalls auch durch Berührungen, Handauflegen, wohl aber auch durch Hypnose unter Einwirkung auf bestimmte Körperfunktionen tangiert sein kann.

§ 630e BGB Aufklärungspflichten **155**

(1) Der Behandelnde ist verpflichtet, den Patienten über sämtliche für die Einwilligung wesentlichen Umstände aufzuklären. Dazu gehören insbesondere Art, Umfang, Durchführung, zu erwartende Folgen und Risiken der Maßnahme sowie ihre Notwendigkeit, Dringlichkeit, Eignung und Erfolgsaussichten im Hinblick auf die Diagnose oder die Therapie. Bei der Aufklärung ist auch auf Alternativen zur Maßnahme hinzuweisen, wenn mehrere medizinisch gleichermaßen indizierte und übliche Methoden zu wesentlich unterschiedlichen Belastungen, Risiken oder Heilungschancen führen können.

(2) Die Aufklärung muss

1. mündlich durch den Behandelnden oder durch eine Person erfolgen, die über die zur Durchführung der Maßnahme notwendige Ausbildung verfügt; ergänzend kann auch auf Unterlagen Bezug genommen werden, die der Patient in Textform erhält,
2. so rechtzeitig erfolgen, dass der Patient seine Entscheidung über die Einwilligung wohlüberlegt treffen kann,
3. für den Patienten verständlich sein. Dem Patienten sind Abschriften von Unterlagen, die er im Zusammenhang mit der Aufklärung oder Einwilligung unterzeichnet hat, auszuhändigen.

(3) Der Aufklärung des Patienten bedarf es nicht, soweit diese ausnahmsweise aufgrund besonderer Umstände entbehrlich ist, insbesondere wenn die Maßnahme unaufschiebbar ist oder der Patient auf die Aufklärung ausdrücklich verzichtet hat.

(4) Ist nach § 630d Absatz 1 Satz 2 die Einwilligung eines hierzu Berechtigten einzuholen, ist dieser nach Maßgabe der Absätze 1 bis 3 aufzuklären.

(5) Im Fall des § 630d Absatz 1 Satz 2 sind die wesentlichen Umstände nach Absatz 1 auch dem Patienten entsprechend seinem Verständnis zu erläutern, soweit die-

---

[78] Näheres hierzu Rn. 195ff.

[79] BT-Drs. 17/10488, 34.

ser aufgrund seines Entwicklungsstandes und seiner Verständnismöglichkeiten in der Lage ist, die Erläuterung aufzunehmen, und soweit dies seinem Wohl nicht zuwider läuft. Absatz 3 gilt entsprechend.

156 **§ 630e BGB** ist im Vergleich zu § 630d BGB klarer aufgebaut: Die Abs. 1 und 2 enthalten die rechtlichen Anforderungen an die vertragsgemäße Eingriffs-Aufklärung. Abs. 3 erkennt für eng umgrenzte Ausnahmefälle eine Entbehrlichkeit der Aufklärung an. Die Abs. 4 und 5 beziehen sich nur auf einen Sonderfall, der in § 630d Abs. 1 S. 2 BGB angesprochen ist: Den Sonderfall, dass es der Behandelnde mit einem einwilligungsunfähigen Patienten zu tun hat.

157 Nachfolgend werden nun – da in der Praxis stets tatsächlich zusammenfallend – die Pflicht zur Einholung der Einwilligung vor Durchführung einer medizinischen Maßnahme einschließlich der Pflicht zur Eingriffs-Aufklärung behandelt.

158 Auch **zu § 630d BGB und zu § 630e BGB** sollen wieder zunächst anhand der Betrachtung des „Normal-Falles“[80] besser nachvollziehbar werden, wie die BGB-Regelungen inhaltlich ineinandergreifen und systematisch aufeinander bezogen sind, damit greifbar wird, welche Pflichten beim Behandlungsvertrag einzuhalten sind. Erst dann sollen die sonstigen Inhalte der Regelungen, die auf Sonderfälle (wie zB der Patient ist einwilligungsunfähig) abzielen,[81] genauer beleuchtet werden.

159 Der Gesetzgeber hat sich hier auf schwieriges Terrain begeben müssen, da es zwar *tatsächlich* um eine Situation geht, die sehr häufig im Zuge einer medizinischen Behandlung anstehen wird, da ihre Durchführung regelmäßig mit einem Eingriff in den Körper oder die Gesundheit des Patienten verbunden ist. *Rechtlich* geht es aber um Fragen, die generell, also auch ohne Behandlungsvertrag (der zB in einem Notfall nicht geschlossen wird), von Bedeutung sind: Auch im reinen Recht der unerlaubten Handlungen (Deliktsrecht) kann nur eine rechtswirksame Einwilligung einen Eingriff in Körper oder Gesundheit des Rechtsgutsinhabers rechtfertigen. In der Sache werden in den §§ 630d und e BGB also auch Regelungen getroffen, die das generelle Thema Einwilligungsfähigkeit bzw. Einwilligungs*un*fähigkeit des Patienten betreffen. Dies bringt es mit sich, dass an sich allgemein zivilrechtliche Fragen – wie das hiermit verbundene rechtliche Erfordernis, mit einer evtl. vorhandenen Patientenverfügung (iSd § 1901a BGB) umzugehen, oder sogar der Beteiligung von Stellvertretern (gewillkürten oder gesetzlichen Vertretern) – von der Neuregelung betroffen sind. Im Ergebnis wollen die §§ 630d und e BGB die gesamte Bandbreite praktisch denkbarer Situationen (volljähriger/minderjähriger, einwilligungsfähiger/einwilligungsunfähiger Patient, mit/ohne Bevollmächtigtem oder gesetzlichem Vertre-

---

[80] Vgl. bereits oben § 630a BGB.

[81] Hierzu Rn. 160.

ter) erfassen. Sie sprechen daher auch eine Fülle von rechtlichen – im Detail nach wie vor nicht immer eindeutigen – Problemstellungen an. Hierzu kann im vorgegebenen Rahmen nur ein erster Überblick gegeben werden.

I. „Normalfall"

Vor Durchführung einer medizinischen Maßnahme – die vom Behandelnden und Patienten bereits allgemein erwogen wurde (Erläuterung und Information nach § 630c Abs. 2 S. 1 BGB) – besteht im Rahmen eines Behandlungsverhältnisses die **grundsätzliche Pflicht,** hierzu die **Einwilligung des Patienten einzuholen** (§ 630d Abs. 1 S. 1 BGB). **160**

- Hierzu stelle man sich einen grundsätzlich geplanten, aber aufschiebbaren (sog. elektiven) Eingriff vor, zB einen orthopädischen Eingriff am Fuß, wobei der Patient im Vollbesitz seiner geistigen Kräfte, also uneingeschränkt entscheidungsfähig und -willig ist.

Als weitere Voraussetzung kommt hinzu, dass der Patient sodann wirksam entweder eine Einwilligung erklärt oder nicht. Diese Entscheidung, also in der Sache sich über Bedeutung und Tragweite der medizinischen Maßnahme für sich selbst im Klaren zu sein und bewusst über sich selbst zu bestimmen, kann nur auf der Basis hinreichend vollständiger, unmittelbarer, rechtzeitiger und verständlicher Information erfolgen. Damit dies gewährleistet ist, muss der Behandelnde den Patienten insoweit aufklären (§ 630d Abs. 2 BGB iVm § 630e Abs. 1 und 2 BGB). **161**

Nur dann kann eine Eingriffs-Einwilligung überhaupt wirksam erklärt werden. Unterbleibt die Aufklärung oder ist sie unvollständig, so wäre bei einer gleichwohl erteilten Einwilligung nie sicher, ob der Patient, wäre er zuvor über alle Risiken und sonstigen Begleitumstände der Behandlung im Bilde gewesen, ebenso die Einwilligung erteilt hätte. Nachdem dieser Einwand seitens des nicht (vollständig) aufgeklärten Patienten stets denkbar ist, wäre eine unter diesen Umständen zustande gekommene Einwilligungserklärung unwirksam. **162**

Chronologisch findet die Pflichterfüllung (iSd §§ 630d Abs. 1, 630e Abs. 1 BGB) durch den Behandelnden also wie folgt statt: **163**

1. Aufklärung des Patienten unter Bezug auf konkret anstehenden Eingriff **(Eingriffs-Aufklärung).**[82]
   Näheres hierzu unter Rn. 172.
2. Sicherstellung der **Einholung der Einwilligung beim Patienten** persönlich.
   Die Einwilligung muss ausdrücklich **vom Behandelnden (!) eingeholt** werden. Dieser Behandelnde steht hierfür auch in der Beweis-

---

[82] Näheres hierzu Rn. 172ff.

pflicht, er kann die organisatorische Abwicklung jedoch delegieren. – Im Krankenhaus trifft die Pflicht zur Einholung der Einwilligung daher regelmäßig den behandelnden Arzt. Wegen der vorgelagerten Pflicht zur Eingriffs-Aufklärung, die nicht zwingend letztverantwortlich dem Behandelnden obliegt, sondern alternativ von einer hierzu iSd Gesetzes befähigten Person durchgeführt werden darf,[83] können anlässlich des gesamten Vorgangs Aufklärung und Einholung der Einwilligung mehrere Verpflichtete nebeneinander beteiligt sein.
Dieser **Normalfall**[84] unterstellt, dass der Patient volljährig und einwilligungsfähig und damit selbstredend persönlich *„Berechtigter"* ist (vgl. hierzu unten § 630d Abs. 1 S. 1, Abs. 2 BGB, § 630e Abs. 1 S. 1 BGB), die Einwilligung zu erteilen (bzw. zu verweigern).

3. Kontrolle, dass die Einwilligung **nicht widerrufen** wurde (vgl. § 630d Abs. 3 BGB).
Obwohl eine Einwilligung bereits vorliegt, kann sie danach jederzeit – auch durch schlüssiges Verhalten (zB Kopfschütteln, Schreien, Verweigerung einer Mitwirkungshandlung) – widerrufen werden. Zwar besteht mangels entsprechender Anhaltspunkte **keine Nachforschungspflicht** dahingehend, ob nicht vielleicht doch ein Widerruf geäußert worden sein könnte. Gleichwohl müssen wahrnehmbare Hinweise, dass ein Widerruf vorliegen könnte, und von denen der Behandelnde über Dritte (zB Krankenschwestern) Kenntnis erlangt, erstgenommen werden, dh im Einzelfall kann hieraus die Obliegenheit für den Behandelnden resultieren, den Patienten hierzu zu befragen.
§ 630d Abs. 3 BGB enthält keine Angaben dazu, wem gegenüber der Widerruf der Einwilligung erklärt werden muss. Beachtlich ist hiernach offenbar jede Äußerung, die auf einen solchen Widerruf schließen lässt, unabhängig davon, ob hiervon ausgerechnet der Behandelnde Kenntnis erlangt. Der Zugang des Widerrufs an Hilfspersonal des Behandelnden wäre daher wohl bereits ausreichend, da hier unterstellt werden kann, dass eine Weiterreichung an den Behandelnden stattfindet. Damit dies in der Praxis funktioniert, müsste das Hilfspersonal – das hier wie ein Bote eingesetzt wird – entsprechend angewiesen[85] worden sein.

164 § 630d BGB Einwilligung

(1) Vor Durchführung einer medizinischen Maßnahme, insbesondere eines Eingriffs in den Körper oder die Gesundheit, ist der Behandelnde verpflichtet, die Einwilligung des Patienten einzuholen. (…) Kann eine Einwilligung für eine unaufschiebbare Maßnahme nicht rechtzeitig eingeholt werden, darf sie ohne Einwilligung durchgeführt werden, wenn sie dem mutmaßlichen Willen des Patienten entspricht.

---

[83] Vgl. hierzu Rn. 184.
[84] Zu den Sonderfällen s. Rn. 197ff.
[85] Zu weitreichend wäre, wenn Hilfspersonal auch Äußerungen von Dritten – wie zB eines Bettnachbarn im Krankenhaus – nachgehen müsste.

(2) Die Wirksamkeit der Einwilligung setzt voraus, dass der Patient oder im Falle des Absatzes 1 Satz 2 der zur Einwilligung Berechtigte vor der Einwilligung nach Maßgabe von § 630e Absatz 1 bis 4 aufgeklärt worden ist.

(3) Die Einwilligung kann jederzeit und ohne Angabe von Gründen formlos widerrufen werden.

§ 630e BGB Aufklärungspflichten **165**

(1) Der Behandelnde ist verpflichtet, den Patienten über sämtliche für die Einwilligung wesentlichen Umstände aufzuklären. (…)

(3) Der Aufklärung des Patienten bedarf es nicht, soweit diese ausnahmsweise aufgrund besonderer Umstände entbehrlich ist, insbesondere wenn die Maßnahme unaufschiebbar ist oder der Patient auf die Aufklärung ausdrücklich verzichtet hat.

(…)

Abweichungen von diesem Normalfall (vgl. hierzu oben § 630d Abs. 1 S. 3 BGB, § 63e Abs. 3 BGB) können sich *in zweierlei Hinsicht* ergeben: **166**

Einmal **situationsbezogen,** wenn die **medizinische Maßnahme unaufschiebbar** ist, also ohne sofortiges Handeln Gefahren für die Gesundheit drohen (zB das plötzliche, während eines operativen Eingriffs erforderliche Notfallmanagement einer bestimmten indizierten Medikamentengabe zur Lebensrettung): Die Pflicht zur Aufklärung entfällt dann und die tatsächlich nicht einholbare Einwilligung des Patienten ist durch die Grundsätze der mutmaßlichen Einwilligung zu ersetzen. Im Hinblick auf die oben angegebene Chronologie[86] ergeben sich daher folgende Besonderheiten: **167**

Zu 1.: Das **Erfordernis der Eingriffs-Aufklärung entfällt** bei unaufschiebbarer medizinischer Maßnahme. **168**

Zu 2. und 3.: Das **Erfordernis der Einholung der Einwilligung entfällt, aber erforderlich** ist die **Prüfung** des Vorliegens der **Voraussetzungen der mutmaßlichen Einwilligung** des Patienten durch den Behandelnden: Wie hätte der Patient wahrscheinlich selbst entschieden? Dabei sind, soweit dem Behandelnden erkennbar, auch die individuellen Bedürfnisse, Wünsche und Vorstellungen des Patienten zu berücksichtigen. Gibt es keine gegenteiligen Hinweise, ist davon auszugehen, dass der Patient das objektiv Vernünftige (regelmäßig: Lebenserhaltung) wollen würde. Unerheblich ist es, wenn sich hinterher herausstellt, dass der Patient anders entschieden hätte. **169**

Weitere Abweichungen sind denkbar, wenn **die Aufklärung** des Patienten **nach dem ausdrücklichen Willen des Patienten oder aufgrund sonstiger (objektivierbarer) Umstände entbehrlich** ist.[87] In diesen Fällen entfällt das Erfordernis zur Einholung der Einwilligung nicht. **170**

Hiervon abzugrenzen sind die bereits angesprochenen **Sonderfälle** (vgl. Rn. 158), in denen es erkennbar an der rechtlichen Eignung des Pa- **171**

---

[86] S. Rn. 163.

[87] Näheres hierzu Rn. 191ff.

tienten fehlt, eine Einwilligung wirksam abzugeben: Wenn der Patient einwilligungsunfähig[88] ist. Hierher gehören auch alle Fallkonstellationen, auch wenn der Gesetzestext sie ignoriert, in denen die rechtliche Einwilligungsfähigkeit des Patienten zweifelhaft ist.

II. Eingriffs-Aufklärung iSd § 630e BGB

172 Welche Art der Aufklärung in welcher inhaltlichen Intensität zu welcher Zeit, in welcher Form und wem gegenüber erfolgen muss, wenn ein medizinisches Behandlungsverhältnis begründet ist, war bisher ausschließlich von der höchstrichterlichen Rechtsprechung des Bundesgerichtshofs (und diverser Untergerichte) austariert worden. Die Aufklärungspflicht wurzelt im Selbstbestimmungsrecht des Patienten über seine Person.[89]

173 Der Gesetzgeber des Patientenrechtegesetzes nahm dies zum Ausgangspunkt für die nun in die Norm des § 630e Abs. 1 und 2 BGB gegossene Formulierung. Ziel war dabei, auf dem insoweit erreichten Niveau den Patienten jeweils in die Lage zu versetzen, für die Ausübung seines Selbstbestimmungsrechts eine ausreichende Entscheidungsgrundlage zu erhalten.

174 Abzugrenzen ist die spezifische Pflicht zur Aufklärung nach § 630e BGB von den sog. Basis-Informationspflichten aus § 630c BGB.[90]

175 Grundsätzlich gilt, dass sich Art, Umfang und Intensität der Aufklärung nach den jeweiligen konkreten Behandlungsumständen richten.

176 Nach § 630e Abs. 1 BGB handelt es sich bei der dort normierten Aufklärungspflicht, um die sog. „eingriffsspezifische Aufklärung“. Der Patient soll vom Behandelnden über *„sämtliche für die Einwilligung wesentlichen* Umstände“ aufgeklärt werden. Dies nimmt in der Sache Bezug auf die – bereits aus deliktsrechtlichen Gründen – erforderliche Einwilligung des Patienten in eine medizinische Behandlung und damit verbundene Eingriffe in seine körperliche Unversehrtheit und Integrität.

1. Inhalt

177 Grundsätzlich ist nach § 630e Abs. 1 BGB über **sämtliche Umstände** aufzuklären, die für die Einwilligung, die seitens des Patienten prospektiv zu erteilen ist, **wesentlich** sind.

178 § 630e Abs. 1 S. 2 BGB umschreibt hierzu, nicht abschließend, aber schwerpunktmäßig, was hierzu in jedem Falle gehört: Im Hinblick auf die Diagnose bzw. Therapie ist zur Notwendigkeit, Dringlichkeit, Eignung und den Erfolgsaussichten der Maßnahme aufzuklären und natür-

---

[88] Näheres hierzu Rn. 195 ff.
[89] BGH VersR 1959, 153.
[90] Rn. 102 ff.

lich zur Art, zum Umfang, zur Durchführung, zu den erwartenden Folgen und Risiken der Maßnahme.

- Dies umfasst die „Aufklärung im Großen und Ganzen" (va allgemeine OP-Risiken) ebenso wie insbesondere über seltene, eingriffsspezifische Risiken.

Ausdrücklich in das Gesetz aufgenommen wurde in § 630e Abs. 1 S. 3 BGB, dass **bei mehreren medizinisch gleichermaßen indizierten und üblichen Methoden,** die zu wesentlich unterschiedlichen Belastungen, Risiken oder Heilungschancen führen, **auch auf Alternativen zu der Maßnahme hinzuweisen** ist. **179**

Die Wahl der richtigen Behandlungsmethode ist grundsätzlich Angelegenheit des behandelnden Arztes, der insoweit auch einen Ermessensspielraum hat, was er seinem Patienten konkret empfiehlt. Wenn jedoch eine **echte** Behandlungsalternative besteht, also mit **gleichwertigen Heilungschancen** und **vergleichbarem Risikoprofil,** gebietet es die Achtung des Selbstbestimmungsrechts des Patienten, ihm die Wahl zu überlassen. **180**

- In der Praxis ist es oftmals so, dass Patienten selbst bei echten Behandlungsalternativen diese Wahl nicht treffen (wollen) und die Entscheidungsverantwortung an den Arzt zurückspielen. Rein rechtlich ist dies dann nicht zu beanstanden, wenn der Patient im Wissen um die vorhandene Wahl- bzw. Entscheidungsmöglichkeit so agiert und dann hierauf bewusst verzichtet.
- Sorgfältig **und aus rein fachmedizinischer Sicht zu prüfen** ist, **ob eine echte Behandlungsalternative besteht.** Mit anderen Worten: Wenn zB ein innovatives Medikament im Vergleich zu einem in derselben Indikation zugelassenen „Blockbuster"-Arzneimittel im konkreten Einzelfall für den jeweiligen Patienten ein geringeres Nebenwirkungsprofil hat, ohne dass sonstige Einbußen der Wirksamkeit zu erwarten sind, dann ist die (scheinbare) Behandlungsalternative ohnehin nicht gegeben. Im letztgenannten Fall entfiele dann auch die Pflicht zur Aufklärung über diese dann „Pseudo-Alternativ"-Konstellation, da es fachmedizinisch gesehen nach näherer Prüfung ohnehin nur ein Mittel der Wahl gibt. – **Einzuräumen ist, dass diese Entscheidung zum Nutzen-Risiko-Profil einer Therapie oder Medikation in der Praxis nicht immer klar auf der Hand liegen wird. Im Zweifel sollte man daher vom Vorliegen einer echten Behandlungsalternative ausgehen.**
- In der Zusammenschau mit § 630a Abs. 2 BGB ergibt sich, dass – soweit sie eine Behandlungsalternative darstellen – **über Verfahren, die sich erst in der Erprobung befinden und noch nicht zum medizinischen Standard gehören,** auch wenn sie sogar Therapiealternativen sein könnten, **nicht** aufgeklärt werden muss. – **In der Praxis kann jedoch im Einzelfall sehr zweifelhaft sein, ob ein solches „innovatives" Verfahren zwischenzeitlich nicht doch bereits zum „medizini-**

schen Standard“ gehört. Im Zweifel ist daher die Aufklärung eher extensiv vorzunehmen.

181 Nachdem die Umschreibung jedoch bewusst nicht abschließend gehalten ist, können im Einzelfall darüber hinausreichende weitere Umstände der Aufklärungspflicht unterliegen. Insoweit können die bisherigen Erkenntnisse des BGH herangezogen werden.[91]

2. Wirksamkeitsvoraussetzungen

182 § 630e Abs. 2 BGB regelt die Wirksamkeitsvoraussetzungen, also die Anforderungen an die hinreichende Aufklärung hinsichtlich der zur Aufklärung verpflichteten bzw. berechtigten Person (Abs. 2 S. 1 Nr. 1), ihrer Form (Abs. 2 S. 1 Nr. 1 und S. 2), ihres Zeitpunkts (Abs.2 S. 1 Nr. 2), und ihrer Eignung (Abs. 2 S. 1 Nr. 3) für den Empfänger bzw. richtigen Adressaten solcher Erklärungen.

183 Grundsätzlich resultieren praktisch keine unmittelbaren Rechtsfolgen daraus, **wenn einzelnen dieser Anforderungen nicht Folge geleistet wurde.** Solange die Wirksamkeit der Eingriffs-Einwilligung nicht hinterfragt wird, kann dies alles tatsächlich dahinstehen. Eine bloße Aufklärungspflichtverletzung stellt keinen Behandlungsfehler an sich dar und bildet erst recht keine Anspruchsgrundlage im Prozess.

3. Aufklärungsbefähigung

184 Nach § 630e Abs. 2 Nr. 1 BGB ist der jeweils Behandelnde zur Aufklärung verpflichtet oder eine andere Person, die das Gesetz zur Durchführung der Aufklärung für befähigt hält. Dies ist, so nun die Formulierung,[92] eine Person, die „über die zur Durchführung der Maßnahme notwendige Ausbildung“ verfügt.

- Primär ist also zur Aufklärung derjenige verpflichtet, der die Maßnahme durchführt (also bei der Operation der betreffende Chirurg). Die Aufklärung kann aber auch ein anderer Arzt durchführen, der dieselbe Qualifikation des Chirurgen (also denselben Facharzt*status*) hat, obwohl er die Operation selbst nicht vornehmen wird.
- Ob hier an den sog. **Facharztstandard,** der bei der ärztlichen Behandlung stets gewährleistet sein muss, angeknüpft wird, lässt sich nicht sicher sagen. Ob verantwortlich nur ein Facharzt derselben Fachrichtung hiermit betraut werden kann, oder ob generell hierfür jeder approbierte Arzt (zB in Weiterbildung zum einschlägigen Facharzt) in Frage kommt, wenn er im Einzelfall entsprechend „ausgebildet“ ist, dh von ei-

---

[91] Sehr detailliert hierzu die Auflistung in *Martis/Winkhart*, Fallgruppenkommentar, Arzthaftungsrecht, 3. Auf. 2010, S. 100–102.

[92] Erst im Gesetzgebungsverfahren so in das Gesetz gekommen: BT-Drs. 17/11710, 38 f. – Zuvor hieß es, deckungsgleich mit § 630h Abs. 4 BGB, „Befähigung“.

nem Facharzt angewiesen und überwacht und entsprechend erfahren ist, bleibt nach dem Wortlaut (was meint hier: „ausgebildet“?) nach wie vor offen.[93] – In der bisherigen Rechtsprechung jedenfalls wurde die Delegation der Aufklärung an einen anderen Arzt an enge Zulässigkeitsvoraussetzungen[94] geknüpft. In der Gesetzesbegründung findet sich jedenfalls kein Hinweis dazu, dass dieses Niveau abgesenkt werden wollte.

- Nachdem in der Praxis dieser Bereich (insbesondere in Krankenhäusern) organisatorischen Effektivierungsbemühungen unterliegt, steht zu erwarten, dass hier alsbald auch die zukünftige Rechtsprechung damit befasst wird, insoweit Klarstellungen nachzuholen.
- Wichtig ist, dass durch die Formulierung nicht das Erfordernis beseitigt wird, wonach medizinisch gesehen die Aufklärung nur durch den im jeweiligen Fachgebiet ausgewiesenen Facharzt vorgenommen werden darf. Es ist also nach wie vor stets erforderlich, dass sowohl der Operateur als auch der Anästhesist **jeweils für ihren Fachbereich** aufklären.
- Keinesfalls eröffnet die Vorschrift des § 630e Abs. 2 Nr. 1 BGB die Möglichkeit, die Aufklärung auf „entsprechend ausgebildete“ Nichtärzte zu delegieren. Zwar ist dies nach dem Wortlaut ohne Weiteres offen, hier wird **jedoch der Kernbereich ärztlichen Wirkens tangiert.** Mit anderen Worten, der Gesetzgeber könnte dies zB zukünftig ändern, hat sich aber bisher nicht ausdrücklich dafür entschieden.

4. Form und Dokumentation

Zur Form der Aufklärung hält § 630e Abs. 2 Nr. 1 BGB fest, dass sie **185**
ohne Weiteres **mündlich** und daher **auch am Telefon**[95] erfolgen kann. Weiter heißt es, dass es dem Aufklärungsverpflichteten offen steht, anlässlich der Aufklärung ergänzend Unterlagen hinzu zu ziehen.

Der Einsatz von **Formularen** ist daher grundsätzlich erlaubt, **ohne** **186**
dass hierdurch das Mündlichkeitserfordernis, also **das Erfordernis eines Aufklärungsgesprächs, entfallen** könnte bzw. **dürfte!** Mit anderen Worten: Es besteht keine Pflicht, sog. Aufklärungsbögen und/oder Formulare zu verwenden – wohl aber, mit dem Patienten zu sprechen.

---

[93] Leider ist die – gegenüber der Formulierung des Gesetzentwurfs – zwar veränderte, nun neue Fassung des Gesetzeswortlauts hier wohl nicht hinreichend präzise. Die Gesetzesbegründung (BT-Drs. 17/11710, 38f.) meint zwar, dass nunmehr deutlich das Erfordernis einer *abgeschlossenen* fachlichen Ausbildung einschließlich der damit einhergehenden theoretischen Befähigung zur Durchführung der Maßnahme gemeint sei. Die verbindliche Auslegung durch die höchstrichterliche Rechtsprechung bleibt abzuwarten.

[94] BGH Urt. v. 7.11.2006, Az. VI ZR 206/05: Der Chefarzt, der die *Risiko*aufklärung einem nachgeordneten Arzt übertragen hat, muss darlegen, welche Maßnahmen er ergriffen hat, um eine ordnungsgemäße Aufklärung sicherzustellen und zu kontrollieren.

[95] Zur telefonischen Aufklärung: BGH, Urt. v. 15.6.2010, Az. VI ZR 204/2009.

- § 630e Abs. 2 Nr. 1 BGB regt insoweit also nur an, ergänzend zum Aufklärungsgespräch bestimmte vorgedruckte Unterlagen zu verwenden. Sie müssen nicht verwendet werden. Wenn jedoch solches (notwendigerweise) Standard-Informationsmaterial verwendet wird, sollte es den Aussteller, also inhaltlich Verantwortlichen, erkennen lassen: Verfasser muss nicht der Behandelnde oder der Aufklärungsbefugte, sondern kann auch erkennbar ein Dritter sein. Wird aber ein solches Druckerzeugnis verwendet, hat es der sog. Textform zu entsprechen. Was **Textform** bedeutet, regelt § 126b BGB: *„Ist durch Gesetz Textform vorgeschrieben, so muss die Erklärung in einer Urkunde oder auf andere zur dauerhaften Wiedergabe in Schriftzeichen geeignete Weise abgegeben, die Person des Erklärenden genannt und der Abschluss der Erklärung durch Nachbildung der Namensunterschrift oder anders erkennbar gemacht werden.“* In der Sache genügt also ein nicht im Original unterschriebener Vordruck (zB mit Faksimile-Unterschrift), der allgemeine Informationen enthält. **Wichtig: Bei der Aufklärung iSd § 630e BGB verwendete Formulare in Textform sind dem Patienten auszuhändigen** (§ 630e Abs. 2 Nr. 1 aE BGB).

187 Werden bei der Aufklärung also tatsächlich Formulare verwendet, gibt es verschiedene Varianten: Entweder man händigt bei der Aufklärung verwendete Unterlagen, soweit diese nicht vom Patienten unterzeichnet sind **und nicht** der Textform entsprechen (zB der Arzt zeichnet bei seinen Erläuterungen nur etwas auf einem Papier), dem Patienten überhaupt nicht aus. *Besprochene* Formulare in Textform (zB auch vorgedruckte Aufklärungsbögen, die den Aussteller/Verfasser erkennen lassen) sind dem Patienten im Anschluss auszuhändigen. Individualisiert der Aufklärungsbefugte gemeinschaftlich mit dem Patienten die verwendeten Unterlagen und Aufklärungsbögen durch zusätzliche handschriftliche Vermerke, sind diese zur Patientenakte zu nehmen. Man muss also *verwendete, dh besprochene* vorgedruckte Aufklärungsbögen, sofern sie der Textform entsprechen, dem Patienten zwingend aushändigen. – Wichtig: Eine **Pflicht zur Aushändigung** von bei der Aufklärung eingesetzten Unterlagen **in Kopie** besteht **nur, wenn** diese Aufklärungsbögen bzw. sogar Bögen/Formulare mit vorformulierten Einwilligungserklärungen in eine Operation (vgl. § 630d BGB) **vom Patienten *unterzeichnet*** wurden – diese ausdrücklich nun **in § 630e Abs. 2 S. 2 BGB statuierte Pflicht** ist ***neu.*** Eine Rechtspflicht, den Patienten etwas unterzeichnen zu lassen, besteht hingegen nicht.[96]

- Die in der Praxis gebräuchlichen standardisierten Aufklärungsbögen, die von verschiedenen Firmen angeboten werden, sehen oftmals – aus-

---

[96] Aus Beweisgründen kann es eine Obliegenheit werden, belegen zu können, dass der Patient nachweislich aufgeklärt wurde (bzw. seine Einwilligung erteilt hat). Hierzu s. Rn. 263 ff. zu den hierzu geltenden Beweislast-Regeln.

schließlich aus Gründen der Beweissicherung – Felder für Datum (manchmal sogar mit Uhrzeit) und Unterschriften, und zwar für aufklärenden Arzt und Patient vor. – § 630e BGB ignoriert dies gleichsam. Mit anderen Worten: Wurden solche Aufklärungsbögen jedenfalls vom Patienten unterzeichnet (ob vom aufklärenden Arzt individualisiert mit Anmerkungen oder nicht, ob mit Datums- und Uhrzeitangabe oder nicht, ob mit Unterschrift des aufklärenden Arztes oder nicht), müssen sie ihm in Kopie überlassen werden – und das Original zur Patientenakte gelegt werden. Werden solche Aufklärungsbögen (in Textform) nur allgemein gesprächsunterstützend verwendet, aber nicht unterzeichnet, genügt es, wenn der Patient diese Bögen mitnehmen kann.

- Unabhängig von der Pflicht, vom Patienten anlässlich der Aufklärung unterschriebene Unterlagen (dies kann auch ein Zettel mit handschriftlichen Notizen zu Inhalten der Aufklärung sein!) in Kopie oder in Bezug genommene generalisierende Informationen („bloße" Aufklärungsbögen) in Textform zu überlassen, bleibt es bei der **Empfehlung, zu dokumentieren, dass eine inhaltlich hinreichende Aufklärung im Rahmen eines zugehörigen Gesprächs erfolgte.** Es ist letztlich eine Frage der Handhabung, ob man dies mittels Verwendung von Aufklärungsbögen, die unterschrieben und ggf. mit zusätzlichen Anmerkungen oder Unterstreichungen individualisiert werden sollen, auch formal „standardisiert" oder ob man – völlig zulässig – ohne diese Bögen arbeitet. Letzterenfalls sollte man gleichwohl in geeigneter Form hinreichend beweisfest niederschreiben, dass das Aufklärungsgespräch über die eingriffsspezifischen Risiken stattfand.
- Sollte dem Patienten eine Kopie eines von ihm unterzeichneten Aufklärungsformulars bzw. ein Standard-Aufklärungsbogen-Vordruck ausgehändigt worden sein, möge jeder selbst entscheiden, ob es zur geforderten Dokumentation iSd § 630e Abs. 2 S. 2 BGB gehört, in geeigneter Weise festzuhalten, dass diese Aushändigung auch tatsächlich erfolgt ist.

5. Zeitpunkt

Nach der Vorgabe des Gesetzes muss die Aufklärung nach § 630e Abs. 2 Nr. 2 BGB *„so rechtzeitig erfolgen, dass der Patient seine Entscheidung über die Einwilligung wohl überlegt treffen kann"*. Auf eine pauschale Frist hat man bewusst verzichtet. Gleichwohl bleibt die höchstrichterliche Rechtsprechung, die hierzu bereits inzwischen ausdifferenziert entwickelt wurde, vollumfänglich einschlägig. **188**

- Bei **operativen Eingriffen** ist spätestens am Tag vor der Operation aufzuklären.[97]

[97] BGH VersR 2003, 1441.

- Auch wenn bei **ambulanten Eingriffen** die Karenzzeit im Einzelfall kürzer sein kann, was vom **Risikoprofil** des Eingriffs abhängt, sollte hier der Trend berücksichtigt werden, dass zwischenzeitlich auch risikoreichere Eingriffe ambulant durchgeführt werden.
- Bei einem **dringlichen Eingriff** kann die Bedenkfrist im Einzelfall verkürzt sein.

6. Verständlichkeit

189 Inhaltlich normiert § 630e Abs. 2 Nr. 3 BGB, dass die Aufklärung in der Sache verständlich sein muss. Ausweislich der Gesetzesbegründung[98] stellt man sich darunter vor, dass der Behandelnde und Aufklärende **keine übermäßige Fachsprache** verwendet und, selbstverständlich, in der Sprache aufzuklären hat, die der Patient versteht.

- **Bei fremdsprachigen Patienten** ist ein Dolmetscher[99] oder, bei gehörlosen, ein Gebärdendolmetscher zuzuziehen. – Die hierdurch entstehenden Kosten[100] sind stets vom Patienten (privat oder gesetzlich versichert) zu tragen.[101] Sofern der Patient diese Kosten nicht tragen kann, bleibt der evtl. Ausweg, eine dem Patienten unterhaltsverpflichtete Person (zB Ehegatte) zu verpflichten; dies kommt aber nur dann in Betracht, wenn der Patient hiergegen keine Einwände hat (dh den Behandelnden insoweit von der ärztlichen Schweigepflicht entbindet). – Nur in Notfällen wird man rechtlich haltbar mit einem Verzicht auf die Aufklärung (§ 630e Abs. 3 BGB) arbeiten können.

190 Ausschließlich die Gesetzesbegründung,[102] nicht jedoch der Gesetzestext, spricht davon, dass die Aufklärung „möglichst schonend", aber bei nicht indizierter kosmetischer Behandlung „schonungslos und deutlich" erfolgen müsse. Auch hier nimmt die Gesetzesbegründung Bezug auf die bisherige höchstrichterliche Rechtsprechung zu diesem Thema.

---

[98] BT-Drs. 17/10488, 37.

[99] Bereits bisher ständige obergerichtliche Rechtsprechung: vgl. nur OLG München VersR 1993, 1488; KG VersR 2008, 1649 = MedR 2009, 47; OLG Oldenburg MedR 2012, 332.

[100] Instruktiv hierzu unter Berücksichtigung der bisherigen Entwicklung in Rechtsprechung und Gesetz: *Spickhoff* VersR 2013, 268, 276. *Spickhoff* merkt zu Recht an, dass im System der Gesetzlichen Krankenversicherung Pflichten der Behandlerseite, die nicht erstattet werden, aber „essentiell für das Arzt-Patientenverhältnis sind, untypisch" seien.

[101] BT-Drs. 17/10488, 25.

[102] BT-Drs. 17/10488, 37. Dies greift jedoch auch die bisherige höchstrichterliche Rechtsprechung auf, wonach der Patient nicht in Angst und Schrecken versetzt werden darf, Risiken aber nicht verharmlost werden dürfen.

7. Entbehrlichkeit der Aufklärung

Spiegelbildlich zu der Regelung in § 630c BGB (dort: Abs. 4 zur Entbehrlichkeit einer Erläuterung bzw. Information) kennt auch § 630e Abs. 3 BGB Konstellationen, in denen die Aufklärungspflicht ausnahmsweise entfällt, weil sie *„auf Grund besonderer Umstände entbehrlich"* ist. Ausnahmevorschriften sind grundsätzlich eng auszulegen. **191**

Auch hier finden sich die gleichen *Regelbeispiele* in der Norm aufgezählt wie in § 630c BGB, dh *„insbesondere"* **192**

- zum einen die Unaufschiebbarkeit der Maßnahme und
- zum anderen der ausdrückliche Verzicht des Patienten auf die Aufklärung.

Als weiteren besonderen Umstand,[103] der ausnahmsweise zum Wegfall der Aufklärungspflicht führt, benennt die Gesetzesbegründung[104] weiter ein Risiko der erheblichen Selbstgefährdung für den betreffenden Patienten. Ob dieses Risiko gegeben ist, unterliegt der Einschätzungsprärogative des Arztes. **193**

In der Regel können sich Behandelnde nicht auf das sog. **„therapeutische Privileg"** berufen, etwa dahingehend, die Aufklärung verunsichere generell den Patienten, löse unnötige Ängste aus oder die Schilderung potenzieller eingriffsspezifischer Risiken gefährde den Behandlungserfolg. Der Patient muss die Chance erhalten, auch einer unangenehmen medizinischen Wahrheit ins Auge zu sehen. **194**

- Bei extrem belastenden Details könnte man in der Praxis, wenn denn die Schonung des Patienten aus medizinischen (nicht falsch verstandenen paternalistischen) Gründen angezeigt ist, eventuell eine Brücke bauen: Hier könnte man dem bereits unmissverständlich über die Tragweite vorinformierten Patienten rechtlich unproblematisch anheimstellen, ob er mehr wissen will oder hierauf lieber verzichtet. Dabei muss aber stets vermittelt werden, dass selbstverständlich alle entscheidungserheblichen Umstände ungeschönt mitgeteilt werden, also vom Behandelnden aus nicht unausgesprochen bleiben soll.

8. Besonderheiten bei einwilligungsunfähigen Patienten

In § 630e Abs. 4 und Abs. 5 BGB sind Regelungen enthalten, die ausschließlich auf den Fall Bezug nehmen, dass die Aufklärungspflicht im Zusammenhang mit einer anstehenden **Eingriffseinwilligung iSd § 630d Abs. 1 S. 2 BGB** besteht. Dort wird auf den **Sonderfall** Bezug genom- **195**

---

103 Offen ist, ob eine rechtswirksam verfasste Patientenverfügung (iSd § 1901a Abs. 1 BGB) als „besonderer Umstand" angesehen werden kann, unter dem die (antizipierte) Aufklärung als entbehrlich angesehen werden kann. Vgl. hierzu Rn. 197ff.

104 BT-Drs. 17/10488, 38.

men, dass ein Patient im Vorfeld einer anstehenden Einwilligung in die Durchführung einer medizinischen Maßnahme bei ihm einwilligungsunfähig ist.[105]

196 Keine Sonderregelungen sind für Konstellationen ersichtlich, in denen die **Einwilligungsfähigkeit des Patienten zweifelhaft** ist, was in der Praxis (man denke nur an beginnend altersdemente oder noch nicht volljährige, aber verständige Personen) häufiger vorkommen dürfte als zB eindeutige Bewusstlosigkeit. Hier ist jedoch seitens der Behandelnden besondere Vorsicht gefordert, da hier die Absicherung im Vordergrund stehen sollte, dass die Einwilligung auch haltbar ist.

- Im Zweifel sollten Behandelnde daher „zweigleisig“ fahren: Auch wenn die Einwilligung des (vermutlich, aber zweifelhaft) Einwilligungsfähigen persönlich vorliegt, sollten auch dessen Stellvertreter eingebunden werden, wie wenn es an der Einwilligungsfähigkeit doch fehlen würde.
- In § 630d Abs. 1 S. 3 BGB wird offenbar insoweit auf hierzu „bereits geltende andere Vorschriften“ verwiesen. Zur Einwilligung im Allgemeinen gibt es jedoch keine gesetzliche Regelung. Gemeint ist hier wohl die insoweit geltende Zivilrechts-Dogmatik, also welche Grundsätze die Rechtsprechung und Literatur hierzu bereits entwickelt haben, unter Einbeziehung von spezialgesetzlichen punktuellen Sonderregelungen (zB § 2 Abs. 2 TPG zur sog. Erklärung über die Organ- und Gewebespende oder auch § 5 RelKErzG).

III. Sonderfälle der Einholung der Einwilligung (einschließlich Aufklärung)

197 Die §§ 630d und 630e BGB nehmen sich inhaltlich – ausgehend von § 630d Abs. 1 S. 2 BGB – auch des Sonderfalles an, dass der Patient **einwilligungsunfähig** ist (vgl. hierzu die § 630d Abs. 1 S. 2, Abs. 2 S. 1 BGB, § 630e Abs. 4, 5 BGB).

198 Es gibt jedoch bisher und auch neuerdings keine gesetzliche (Legal-)Definition, unter welchen Voraussetzungen eine Person als einwilligungsunfähig anzusehen ist. Man muss daher wohl auf die in der höchstrichterlichen Rechtsprechung[106] entwickelte Umschreibung der positiv gegebenen Einwilligungsfähigkeit zurückgreifen, wonach ein Betroffener Bedeutung, Tragweite und Schwere eines anstehenden Eingriffs ermessen und anschließend seinen Willen nach dieser Erkenntnis bestimmen kann.

199 Vorweggeschickt werden müssen nun – wegen des Zusammenspiels der Vorschriften des § 630d BGB und des § 630e BGB – folgende Konse-

---

[105] S. Rn. 206.
[106] BGHZ 29, 33, 36; BGH NJW 1964, 1177.

quenzen hieraus: Ist der Patient selbst nicht dazu in der Lage, einzuwilligen, ist er also einwilligungsunfähig, hat es auch keinen Sinn, ihn aufzuklären. Zu klären ist dann grundsätzlich, ob bzw. wer stellvertretend für den Patienten die Einwilligung erteilen darf. Damit muss dann auch wieder die Pflicht des Behandelnden zur Aufklärung in Verbindung gebracht werden: Zum Aufklärungsadressaten wird dann die Person, die anstelle des Einwilligungsunfähigen die Entscheidung trifft. So weit, so klar.

Dies hat der Gesetzgeber auch prinzipiell so vorgesehen, auch wenn die **200**
Formulierung im einzelnen Detail geeignet ist, weiterführende Fragen aufzuwerfen, die aktuell noch nicht abschließend beantwortet werden können.[107] Man denke nur an § 630e Abs. 3 BGB, der als Ausnahmevorschrift generell eng auszulegen ist: Muss man diese Norm so lesen, dass im Regelfall vor einer aufschiebbaren Maßnahme, in die der Patient einzuwilligen hätte, stets aufzuklären ist, es sei denn, es liegt ein ausdrücklicher Aufklärungsverzicht vor? Vor allem werden rechtliche Unsicherheiten nun dadurch hervorgerufen, dass der Gesetzgeber die – an sich bereits für sich einen eigenständigen „Kosmos" bildenden – Regelungen zur Patientenverfügung (geregelt in den §§ 1901aff. BGB) in Bezug nimmt.[108]

§ 1901a BGB Patientenverfügung **201**

(1) Hat ein einwilligungsfähiger Volljähriger für den Fall seiner Einwilligungsunfähigkeit schriftlich festgelegt, ob er in bestimmte, zum Zeitpunkt der Festlegung noch nicht unmittelbar bevorstehende Untersuchungen seines Gesundheitszustands, Heilbehandlungen oder ärztliche Eingriffe einwilligt oder sie untersagt (Patientenverfügung), prüft der Betreuer, ob diese Festlegungen auf die aktuelle Lebens- und Behandlungssituation zutreffen. (…)

Bei der Patientenverfügung[109] handelt es sich, siehe die obenstehend **202**
zitierte gesetzliche Definition, um eine im Vorfeld getroffene schriftliche Festlegung eines zum Zeitpunkt dieser Verfügung einwilligungsfähigen (dh im Vollbesitz seiner geistigen Kräfte befindlichen) Erwachsenen für die Zukunft, und zwar für den Fall eigener späterer Einwilligungsunfähigkeit, die mit medizinischer Behandlungsbedürftigkeit zusammenfällt. Inhaltlich enthält die Patientenverfügung bereits konkrete Aussagen dazu, ob für eine dann anstehende, indizierte medizinische Behandlung eine Einwilligung erteilt oder verweigert wird. Wenn die Patientenverfü-

---

[107] Bisher in der Literatur weitgehend als unbefriedigend bezeichnet, vgl. nur *Spickhoff* VersR 2013, 267, 275.

[108] Bisher noch nicht abschließend geklärt ist die Frage, ob aus den Neuregelungen in § 630d Abs. 2 iVm. Abs. 1 S. 2 BGB neue Anforderungen an die Rechtsverbindlichkeit von Patientenverfügungen erwachsen, insbesondere ob Patientenverfügungen, die inhaltlich eine Einwilligung in eine bestimmte medizinische Behandlung enthalten, auch einen ausdrücklichen Aufklärungsverzicht enthalten müssen. – Es empfiehlt sich, vor Abfassung einer Patientenverfügung hierzu Rechtsrat einzuholen.

[109] Grundlegend hierzu für das Zivilrecht: *Schwab* in Münchener Kommentar, BGB 6. Aufl. 2012, §§ 1901a BGB ff.

gung – was von den Umständen des Einzelfalles (insbesondere: der konkreten Formulierung) abhängt – rechtsverbindlich ist,[110] dann handelt es sich also – rechtsdogmatisch – um den antizipiert geäußerten, aber ohne Weiteres (über die erlittene Einwilligungsunfähigkeit hinaus) fortgeltenden Willen des Patienten. Unterstellt, diese Willensäußerung enthält bereits eine konkrete Einwilligung in einen später genauso konkret anstehenden Eingriff (der zB bei bereits vorliegender Erkrankung vorhersehbar sein kann), dann stellt die Patientenverfügung in dieser Konstellation eine bereits vorhandene unmittelbare Einwilligung des Patienten dar. Wichtig zu wissen ist in diesem Zusammenhang, dass in Fällen, in denen die Patientenverfügung „passt“, also auf die aktuelle Lebens- und Behandlungssituation zutrifft (weil der Patient, wäre er noch einwilligungsfähig, und würde er genau dasselbe sagen, was in der Patientenverfügung niedergelegt ist, eine rechtswirksame Einwilligung abgeben würde), kein Raum mehr ist für einen Stellvertreter des Patienten. Es bedarf dann auch strenggenommen keiner weiteren Regelung mehr dafür, wie mit dem einwilligungsunfähig gewordenen Patienten umzugehen ist – natürlich nur, wenn man unterstellt, es gibt von ihm bereits eine rechtsverbindliche Patientenverfügung.

202a **Zentral** ist in diesem Zusammenhang die Aussage des Gesetzgebers in § 630d Abs. 1 S. 2 BGB, wonach *erstens* bereits eine sog. Patientenverfügung iSd § 1901a Abs. 1 S. 1 BGB,[111] gemeint ist eine rechtsverbindliche Patientenverfügung, die Durchführung einer medizinischen Maßnahme gestatten (oder untersagen) kann und *zweitens* sodann die Einholung der Einwilligung bei einem hierzu (anstelle des einwilligungsunfähigen Patienten) Berechtigten entbehrlich ist.

203 Die nachfolgende Darstellung zieht sich daher weitgehend darauf zurück, die Rechtslage wiederzugeben, soweit sie unstreitig gegeben ist; anderenfalls wird auf aktuell vorhandene Unsicherheiten hingewiesen werden. Eventuelle Reaktionen in der Rechtsprechung oder evtl. sogar erneute Worte des Gesetzgebers bleiben hierzu abzuwarten.

204 § 630d BGB Einwilligung

(1) (…) Ist der Patient einwilligungsunfähig, ist die Einwilligung eines hierzu Berechtigten einzuholen, soweit nicht eine Patientenverfügung nach § 1901a Absatz 1 Satz 1 die Maßnahme gestattet oder untersagt. Weitergehende Anforderungen an die Einwilligung aus anderen Vorschriften bleiben unberührt. (…)

---

[110] Dies sei nachfolgend stets unterstellt, da auch das Gesetz davon ausgeht. – **Hinweis:** Nicht verschwiegen werden kann und darf an dieser Stelle, dass in der Praxis viele Patientenverfügungen weiterhin nicht unmittelbar rechtsverbindlich sein werden, sondern nur als Indiz für den mutmaßlichen Patientenwillen heranzuziehen sein werden. In diesen Konstellationen kann vorliegend § 630d Abs. 1 S. 2 Hs. 2 BGB schon vom Wortlaut der Norm her nicht eingreifen.

[111] Zum Wortlaut der Norm s. Rn. 201.

(2) Die Wirksamkeit der Einwilligung setzt voraus, dass der Patient oder im Falle des Absatzes 1 Satz 2 der zur Einwilligung Berechtigte vor der Einwilligung nach Maßgabe von § 630e Absatz 1 bis 4 aufgeklärt worden ist.

(3) (...)

§ 630e BGB Aufklärungspflichten **205**

(1) (...)

(2) (...)

(3) Der Aufklärung des Patienten bedarf es nicht, soweit diese ausnahmsweise aufgrund besonderer Umstände entbehrlich ist, insbesondere wenn die Maßnahme unaufschiebbar ist oder der Patient auf die Aufklärung ausdrücklich verzichtet hat.

(4) Ist nach § 630d Absatz 1 Satz 2 die Einwilligung eines hierzu Berechtigten einzuholen, ist dieser nach Maßgabe der Absätze 1 bis 3 aufzuklären.

(5) Im Fall des § 630d Absatz 1 Satz 2 sind die wesentlichen Umstände nach Absatz 1 auch dem Patienten entsprechend seinem Verständnis zu erläutern, soweit dieser aufgrund seines Entwicklungsstandes und seiner Verständnismöglichkeiten in der Lage ist, die Erläuterung aufzunehmen, und soweit dies seinem Wohl nicht zuwider läuft. Absatz 3 gilt entsprechend.

1. Einwilligungs*un*fähiger Patient

Ist der Patient einwilligungs*un*fähig, sieht die Pflichterfüllung (iSd §§ 630d Abs. 1 S. 2, Abs. 2, 630e Abs. 4 und 5 BGB) durch den Behandelnden aufgrund der eingangs mitgeteilten Regelungsstruktur wie folgt aus: **206**

a) Ist der **Patient volljährig,**[112] ist stets vorab zu prüfen: Liegt eine **rechtsverbindliche Patientenverfügung** des (inzwischen einwilligungsunfähig gewordenen) Patienten vor? Betrifft diese Patientenverfügung inhaltlich genau die (Einwilligung in die) medizinische Maßnahme, um deren Durchführung es geht?
Falls *nein:* weiter unter b).
Falls *ja:* Es gilt die Patientenverfügung unmittelbar, da **sie den** (im Zeitpunkt der Abfassung geäußerten) **Willen des Patienten** zur Einwilligung **„repräsentiert".** – Völlig offen ist hier aber nun die Frage, ob in diesem Falle auch eine Aufklärung des Patienten zu fordern ist, die dann wohl aber vor Abfassung der Patientenverfügung hätte stattfinden müssen (und regelmäßig fehlen wird), oder ob in diesem Falle ohne Weiteres § 630e Abs. 3 BGB greift, also die Aufklärung als entbehrlich[113] angesehen werden kann? Eine Lösung hierzu[114] kann aktuell noch nicht angeboten werden.

---

[112] Bei minderjährigen Patienten ist **Nr. 1 hier nicht einschlägig** und daher zu überspringen.

[113] Eine Entbehrlichkeit könnte wohl zum einen unter dem Aspekt der besonderen Umstände diskutiert werden, zum anderen aber auch unter dem Aspekt eines Verzichts auf eine Aufklärung, der sich in der Abfassung der Patientenverfügung klar manifestiert.

[114] Für Patientenverfügungen könnte sich empfehlen, den Standardsatz aufzunehmen, dass ihr Verfasser hiermit ausdrücklich und in Kenntnis der weitreichenden Be-

b) **Aufklärung** (anstelle des Patienten) **des zur Einwilligung Berechtigten** unter Bezug auf konkret anstehenden Eingriff (Eingriffs-Aufklärung).
Wer ist der zur Einwilligung **„Berechtigte“?**
- Beim einwilligungsunfähigen minderjährigen Patienten:
Die Eltern bzw. der personensorgeberechtigte Elternteil als gesetzliche Vertreter oder, falls diese ausfallen (etwa in Fällen des (teilweisen) Sorgerechtsentzugs), hilfsweise ein Vormund oder Pfleger des Kindes in Gesundheitsangelegenheiten.
- Beim einwilligungsunfähigen volljährigen Patienten:
Hier ist danach zu differenzieren, ob der Patient für diesen Fall bereits vorsorglich einen Bevollmächtigten in Gesundheitsangelegenheiten bestimmt hat oder ob dies nicht der Fall ist.
Falls ja, ist § 1904 Abs. 5 (iVm Abs. 1–4) BGB[115] zu beachten.

---

deutung auf eine Aufklärung verzichtet oder sogar den Satz, dass der Verfasser bereits von einem Arzt eine Basis-Aufklärung zu den medizinischen Maßnahmen erhalten hat, zu welchen die Patientenverfügung Regelungen trifft. – Eine Patientenverfügung, die sich hierzu nicht äußert, unterliegt nunmehr dem Verdacht, dass der Patient, über das, was er bestimmt hat, nicht hinreichend aufgeklärt war. Dies kann eine Einbruchstelle bedeuten, die in der Praxis zur Unbeachtlichkeit einer Patientenverfügung führt – jedenfalls, wenn man § 630e Abs. 3 BGB ernst nimmt.

[115] Zu beachten ist, dass in den in **§ 1904 BGB** (Genehmigung des Betreuungsgerichts bei ärztlichen Maßnahmen) geregelten Sonderfällen zusätzlich die Genehmigung des Betreuungsgerichts einzuholen ist:

„(1) Die Einwilligung des Betreuers in eine Untersuchung des Gesundheitszustands, eine Heilbehandlung oder einen ärztlichen Eingriff bedarf der Genehmigung des Betreuungsgerichts, wenn die begründete Gefahr besteht, dass der Betreute auf Grund der Maßnahme stirbt oder einen schweren und länger dauernden gesundheitlichen Schaden erleidet. Ohne die Genehmigung darf die Maßnahme nur durchgeführt werden, wenn mit dem Aufschub Gefahr verbunden ist.

(2) Die Nichteinwilligung oder der Widerruf der Einwilligung des Betreuers in eine Untersuchung des Gesundheitszustands, eine Heilbehandlung oder einen ärztlichen Eingriff bedarf der Genehmigung des Betreuungsgerichts, wenn die Maßnahme medizinisch angezeigt ist und die begründete Gefahr besteht, dass der Betreute auf Grund des Unterbleibens oder des Abbruchs der Maßnahme stirbt oder einen schweren und länger dauernden gesundheitlichen Schaden erleidet.

(3) Die Genehmigung nach den Absätzen 1 und 2 ist zu erteilen, wenn die Einwilligung, die Nichteinwilligung oder der Widerruf der Einwilligung dem Willen des Betreuten entspricht.

(4) Eine Genehmigung nach den Absätzen 1 und 2 ist nicht erforderlich, wenn zwischen Betreuer und behandelndem Arzt Einvernehmen darüber besteht, dass die Erteilung, die Nichterteilung oder der Widerruf der Einwilligung dem nach § 1901a festgestellten Willen des Betreuten entspricht.

(5) Die Absätze 1 bis 4 gelten auch für einen Bevollmächtigten. Er kann in eine der in Absatz 1 Satz 1 oder Absatz 2 genannten Maßnahmen nur einwilligen, nicht einwilligen oder die Einwilligung widerrufen, wenn die Vollmacht diese Maßnahmen ausdrücklich umfasst und schriftlich erteilt ist.“

Falls nein: Zuständig ist ein Betreuer in Gesundheitsangelegenheiten (iSd §§ 1896ff. BGB), dessen Bestellung durch das Betreuungsgericht ggf. abzuwarten ist. Die § 1904 Abs. 1–4 BGB[116] sind zu beachten.

c) **Gebot der Aufklärung des – einwilligungsunfähigen – Patienten** (§ 630e Abs. 5 BGB), und zwar über die wesentlichen Umstände der medizinischen Maßnahme entsprechend seinem Entwicklungsstand und seinen Verständnismöglichkeiten, sofern eine solche Erläuterung überhaupt aufgenommen werden kann, und sofern mit seinem Wohl vereinbar.
Die nicht gerade gelungene Vorschrift hinterlässt wegen ihrer Widersprüchlichkeit ein gewisses Dilemma: Wer einwilligungsunfähig ist, wird oftmals bereits Erläuterungsversuchen Dritter gegenüber immun sein. Doch selbst wenn der „Einwilligungsunfähige" sie hört und dazu nickt, fragt man sich nach dem Sinn, wenn die Einwilligung aus Rechtsgründen dann doch eine andere Person zu erklären hat, die auch sprachlich auf „Normalniveau" aufgeklärt wurde. Das Gebot scheint irgendwie „funktionslos" zu sein.[117] – Allerdings wurde, angeregt von einer BGH-Entscheidung[118] bisher immer wieder diskutiert, ob nicht ein willens- und äußerungsfähiger, aber noch einwilligungsunfähiger Minderjähriger nicht doch ein Vetorecht besitzt. – Es bleibt aber zu rätseln, ob § 630e Abs. 5 BGB genau diese Fälle meint; ein Vetorecht ist im Gesetz ausdrücklich so nicht angesprochen.
Hat also die (noch) einwilligungsunfähige Person ein Recht auf zumindest teilweise, dh „entwicklungsstands-gerechte" Aufklärung? Ist die Einwilligung, welche die zur Einwilligung befugte, korrekt aufgeklärte Person erteilt, bei einem Verstoß gegen § 630e Abs. 5 BGB unwirksam? So weit wird man nicht gehen dürfen.

d) Sicherstellung der Einholung der Einwilligung beim zur Einwilligung Berechtigten.
In den Sonderfällen des § 1904 Abs. 1 BGB schließt dies auch die zusätzlich erforderliche Genehmigung des Betreuungsgerichts ein.

e) Kontrolle, dass die Einwilligung nicht widerrufen wurde (§ 630d Abs. 3 BGB).
Hierzu sollte ggf. auch der gesetzliche Vertreter bzw. Vorsorge-Bevollmächtigte ausdrücklich befragt werden.

---

[116] Vgl. Fn. 115.
[117] So auch BVerfG NJW 2011, 2113 zur Aufklärung eines Einwilligungsunfähigen.
[118] BGH VersR 2007, 66.

2. Evtl. doch/bereits/noch einwilligungsfähiger Patient

207 Die gesetzliche Regelung der §§ 630d und 630e BGB unterstellt offenbar, dass in der Praxis stets ohne Weiteres feststellbar ist, ob eine Person hinsichtlich einer konkret durchzuführenden medizinischen Maßnahme einwilligungsfähig ist oder nicht. In der Realität ist dies der größte Unsicherheitsfaktor – mit dem der Gesetzgeber die Behandelnden allein lässt. Zum einen bei minderjährigen Heranwachsenden, aber auch bei Volljährigen mit schwankend abnehmenden geistigen Fähigkeiten.

208 Pauschal steht nunmehr nur fest, dass bei einwilligungs**un**fähigem Patienten NUR der gesetzliche Vertreter zur Einwilligung befugt ist.

209 Offen ist streng genommen, wie es sich verhält, wenn die Einwilligungsfähigkeit zweifelhaft ist. Darf dann – wenn die Einwilligungsunfähigkeit nicht sicher ist – nur auf den „im Zweifel" als einwilligungsfähig anzusehenden Patienten abgestellt werden? Oder greifen hier Sicherungen in die Richtung, dass § 630e Abs. 5 BGB so zu interpretieren ist, der von der Entscheidung des Berechtigten betroffene Patient habe jedenfalls ein Vetorecht?

210 Die Lösung kann hier nur darin liegen, dass man iSd Einheit der Rechtsordnung zivil- wie strafrechtlich in dieselbe Richtung argumentiert: Das Strafrecht kennt ein solches Vetorecht nicht.

211 In Zweifelsfällen geht in der Praxis ein Behandelnder besser von Einwilligungsunfähigkeit des Patienten aus. Andererseits: Sofern er Anhaltspunkte für die Noch-Einwilligungsfähigkeit findet, sollte er diese höchstvorsorglich dokumentieren.

§ 6. Dokumentationspflicht

§ 630f BGB Dokumentation der Behandlung 212

(1) Der Behandelnde ist verpflichtet, zum Zweck der Dokumentation in unmittelbarem zeitlichen Zusammenhang mit der Behandlung eine Patientenakte in Papierform oder elektronisch zu führen. Berichtigungen und Änderungen von Eintragungen in der Patientenakte sind nur zulässig, wenn der ursprüngliche Inhalt erkennbar bleibt.

(2) Der Behandelnde ist verpflichtet, in der Patientenakte sämtliche aus fachlicher Sicht für die derzeitige und künftige Behandlung wesentlichen Maßnahmen und deren Ergebnisse aufzuzeichnen, insbesondere die Anamnese, Diagnosen, Untersuchungen, Untersuchungsergebnisse, Befunde, Therapien und ihre Wirkungen, Eingriffe und ihre Wirkungen, Einwilligungen und Aufklärungen. Arztbriefe sind in die Patientenakte aufzunehmen.

(3) Der Behandelnde hat die Patientenakte für die Dauer von zehn Jahren nach Abschluss der Behandlung aufzubewahren, soweit nicht nach anderen Vorschriften andere Aufbewahrungsfristen bestehen.

Nach § 630f BGB trifft den Behandelnden die Pflicht zur Dokumentation der Behandlung. 213

Dies wiederholt im Grunde die bereits arzt-berufsrechtlich bestehende Pflicht zur Dokumentation (vgl. § 10 MBO: *„(1) Ärztinnen und Ärzte haben über die in Ausübung ihres Berufes gemachten Feststellungen und getroffenen Maßnahmen die erforderlichen Aufzeichnungen zu machen. Diese sind nicht nur Gedächtnisstützen für die Ärztin oder den Arzt, sie dienen auch dem Interesse der Patientin oder des Patienten an einer ordnungsgemäßen Dokumentation. (…)“*). 214

Die Dokumentation des Behandelnden dient zum einen der Therapiesicherung, insbesondere der Sicherung der Weiterbehandlung (Vermeidung von Doppelbehandlung), aber auch der Wahrung der Persönlichkeitsrechte des Patienten: Sie legt Rechenschaft über die medizinische Behandlung ab und stellt daher faktisch eine Beweissicherung[119] dar. 215

I. Patientenakte

Nach § 630f Abs. 1 S. 1 BGB umfasst diese Dokumentationspflicht ausdrücklich die Pflicht zur Führung einer sog. Patientenakte, die ausdrücklich in Papierform **oder** elektronisch (sog. digitale Patientenakte) geführt werden kann. Synonym zur „Patientenakte“ werden bisher auch andere Bezeichnungen gebraucht wie zB „Krankenunterlagen[120]“ oder „Patientenunterlagen/-dokumentation“. Zukünftig wird jedoch präzise danach zu fragen sein, ob die gesamte Patientenakte iSd § 630f Abs. 2 216

---

[119] Zu den Beweislastregeln im Prozess s. § 630g Abs. 3 BGB.

[120] Hierzu exemplarisch: *Martis/Winkhart*, Arzthaftungsrecht, 3. Aufl. 2010, D 438 ff. spricht von „Krankenunterlagen“, meint aber die Patientenakte iSd § 630f Abs. 2 BGB.

BGB gemeint ist, oder zB nur Auszüge aus dort befindlichen Unterlagen.

- Bisher war die ausschließlich elektronische sog. EDV-Patientendokumentation arzt-berufsrechtlich als ausreichend anerkannt, jedenfalls wenn sie technisch hinreichend gegen Veränderung, Vernichtung und unrechtmäßige Verwendung geschützt war.
- Der **Beweiswert einer ausschließlich elektronisch geführten Patienten-Dokumentation** – vor Gericht – war und ist weiterhin jedoch nicht unumstritten. Man darf sich hier aber nicht verwirren lassen: Vor allem geht es darum, ob die EDV-Dokumentation denselben Beweiswert wie eine handschriftliche Dokumentation hat bzw. unter welchen Voraussetzungen dies der Fall ist. Grund hierfür ist, dass ein elektronisch erstelltes Dokument (also der Ausdruck der elektronisch geführten Patientenakte) zwar den Aussteller (zB die Arztpraxis des Behandelnden) erkennen lässt, und über ihren Inhalt Beweis erbringen soll, also eine Privaturkunde[121] ist, aber – ebenso wie die händisch erstellte Patientendokumentation – zivilprozessual nicht dem Beweis durch Urkunden unterliegt. Die Vorschrift zur Beweiskraft von Privaturkunden (iSd § 416 ZPO)[122] kann hier nicht eingreifen, da die EDV-Dokumentation gerade nicht vom Aussteller unterschrieben ist. Vielmehr kann die elektronische Dokumentation im Ausdruck nur in Augenschein (iSd § 371 ZPO)[123] genommen werden: dh als sog. „Augenscheinsbeweis" unterliegt das elektronische Dokument der **freien richterlichen Beweiswürdigung** (iSd § 286 ZPO). Dies bedeutet, dass das Gericht mangels anderweitiger Anhaltspunkte von einer formell und inhaltlich korrekten Dokumentation ausgehen darf – bis zum Beweis des Gegenteils (zB durch den Patienten als Kläger, der den Vorwurf nachträglicher Manipulation erhebt).

217 **Hinweis:** Behandelnde, die sich ausschließlich auf elektronische Dokumentation verlassen wollen, tun gut daran, gewappnet zu sein, wenn der Vorwurf der nachträglichen Manipulation der Patientenakte erhoben wird. Das Zertifikat einer gegen derartige Eingriffe gesicherten Software, die sich ohnehin empfiehlt und berufsrechtlich geboten ist, sollte dann vorgelegt werden können. – Ohne Manipulationsvorwurf und bei äußer-

---

[121] Hierzu s. auch Rn. 221.

[122] § 416 ZPO: „Privaturkunden begründen, sofern sie von den Ausstellern unterschrieben oder mittels notariell beglaubigten Handzeichens unterzeichnet sind, vollen Beweis dafür, dass die in ihnen enthaltenen Erklärungen von den Ausstellern abgegeben sind."

[123] § 371 ZPO: „(1) Der Beweis durch Augenschein wird durch Bezeichnung des Gegenstandes des Augenscheins und durch die Angabe der zu beweisenden Tatsachen angetreten. Ist ein elektronisches Dokument Gegenstand des Beweises, wird der Beweis durch Vorlegung oder Übermittlung der Datei angetreten. (...)"

licher Lesbarkeit der ausgedruckten Dokumente kommt **der nach modernsten IT-Maßstäben geführten elektronischen Patientenakte derselbe Beweiswert** wie der händisch geführten Akte zu.

§ 630f Abs. 2 S. 1 und S.2 BGB umschreiben den Inhalt der **Patientenakte** näher, was in der Sache eine *Art Legaldefinition* zumindest zu den üblichen Inhalten der Patientenakte darstellt. Klargestellt hat der Gesetzgeber in § 630f Abs. 2 S. 2 BGB, dass auch Arztbriefe in die Patientenakte aufzunehmen sind; dies ist insbesondere auch im Hinblick auf den Zeithorizont der Dokumentationspflicht relevant. An etwas versteckter Stelle erwähnt Abs. 2 S. 1 am Ende, dass auch „Aufklärungen“ in der Patientenakte festzuhalten sind, offen bleibt hier, wie dies im Einzelnen erfolgt (etwa durch schriftliche Notizen, Kürzel, sowie zB auch verwendete Formulare). Ein schriftlicher Aufklärungsbogen ist nicht zwingend aufzunehmen; **gleichwohl empfiehlt sich eine entsprechende Dokumentation, dass er verwendet wurde.** 218

- Alle Arten von Bildern, die vom Patienten mit seiner Zustimmung angefertigt wurden, zB Röntgenaufnahmen, Videos und auch rein elektronisch erhobene Befundergebnisse werden in § 630f BGB nicht ausdrücklich angesprochen – auch wenn sie für „Untersuchungsergebnisse“ sehr wohl und ganz entscheidend maßgeblich sein mögen, da sie diese unmittelbar zeigen. In der Praxis verlangt der Patient hiervon oftmals Kopien oder sogar die Originale heraus.[124] Auch theoretisch ist die insoweit erforderliche Dokumentation, die hier eigentlich die „bloße Aufbewahrung“ betrifft, aber sehr wohl von Bedeutung: Müssen und falls ja, zu welchem Zeitpunkt, solche Bilder überhaupt in die Patientenakte aufgenommen bzw. zur Patientenakte zugeordnet werden?
- Wichtig zu wissen ist, dass insbesondere im ambulanten Bereich Vergütungsvorschriften (zB nach EBM) die Dokumentation von Bildern (auch Ausdrucken) in der Patientenakte zwingend vorschreiben, damit eine Leistung überhaupt als korrekt und plausibel erbracht (und daher vergütungsfähig) anerkannt wird. Bereits aus diesem Grund empfiehlt es sich, falls möglich, auch diese weitreichend in der Patientenakte zu dokumentieren. – **Auch wenn Bilder, Videos oder nur elektronisch verfügbare Befunde nicht unmittelbar zur Patientenakte gehören, da dies nur für die dort dokumentierten Befunde gilt, sollten sie gleichwohl, soweit möglich, als zur Patientenakte gehörig aufbewahrt werden, soweit sinnvoll, sogar in ausgedruckter Form.**
- **Hinweis:** Bilddokumente gehören niemals dem Patienten. Eigentümer sind vielmehr diejenigen Behandelnden, die ihm gegenüber aus dem Behandlungsvertrag verpflichtet sind. Allerdings schafft bei Röntgen-

[124] Hierzu s. unter § 630g BGB.

aufnahmen § 28 Abs. 8 RÖV[125] – zum Zwecke der Vermeidung weiterer unnötiger Röntgenaufnahmen – einen Ausnahmetatbestand für die Konstellation, dass ein später untersuchender Arzt oder Zahnarzt die bereits vorhandenen Aufnahmen verwerten können wird; auf die insoweit vorgesehene Rückgabepflicht an den an sich Aufbewahrungspflichtigen ist hinzuweisen.

II. Anforderungen an die Aktenführung

219 Die Dokumentationspflicht ist vom Behandelnden ausdrücklich **„in unmittelbarem zeitlichen Zusammenhang mit der Behandlung"** zu erfüllen.

- Dieser Maßstab ist straff und **duldet kein Hinausschieben** auf irgendwann, wenn einmal in Ruhe Zeit ist. Idealerweise wird sofort während oder (zB bei anstrengendem Notfallmanagement) jedenfalls gleich unmittelbar nach dem jeweiligen Eingriff dokumentiert. Bei zeitlich im OP-Takt hintereinander geschalteten OP-Serien sollte die Dokumentation stets noch (ggf. gesammelt abends) am selben Tag erfolgen. In verschiedene Behandlungsabschnitte zerlegte Behandlungen müssen hierzu korrelierend abschnittsweise dokumentiert werden.

220 Ein Verstoß hiergegen ist scharf sanktioniert: Bei späteren bzw. verspäteten Eintragungen besteht kraft einer neuen Beweislastregel (§ 630h Abs. 3 BGB) die widerlegbare Vermutung, dass die Maßnahme zum damaligen Zeitpunkt – also unmittelbar im Zusammenhang mit der Behandlung – nicht getroffen wurde.

221 Ausdrücklich ist weiter **in § 630f Abs. 1 S. 2 BGB *neu*** (!) geregelt, dass bei Berichtigungen und Änderungen der Patientenakte der ursprüngliche Inhalt erkennbar bleiben muss. Dies werden auch entsprechende Datenverarbeitungsprogramme berücksichtigen müssen: **Es genügt also nicht mehr, wie bisher, nur das Datum einer evtl. Änderung oder Streichung (unter Unkenntlichmachung) zu erfassen. Eine Strei-**

---

[125] § 28 Abs. 8 RÖV: „ (8) Wer eine Person mit Röntgenstrahlung untersucht oder behandelt, hat einem diese Person später untersuchenden oder behandelnden Arzt oder Zahnarzt auf dessen Verlangen Auskünfte über die Aufzeichnungen nach Absatz 1 Satz 2 zu erteilen und ihm die Aufzeichnungen und Röntgenbilder vorübergehend zu überlassen. Auch ohne dieses Verlangen sind die Aufzeichnungen und Röntgenbilder der untersuchten oder behandelten Person zur Weiterleitung an einen später untersuchenden oder behandelnden Arzt oder Zahnarzt vorübergehend zu überlassen, wenn zu erwarten ist, dass dadurch eine weitere Untersuchung mit Röntgenstrahlung vermieden werden kann. Sofern die Aufzeichnungen und Röntgenbilder einem beauftragten Dritten zur Weiterleitung an einen später untersuchenden oder behandelnden Arzt oder Zahnarzt überlassen werden, sind geeignete Maßnahmen zur Wahrung der ärztlichen Schweigepflicht zu treffen. Auf die Pflicht zur Rückgabe der Aufzeichnungen und Röntgenbilder an den Aufbewahrungspflichtigen ist in geeigneter Weise hinzuweisen."

chung (= Löschung) bereits in einer Patientenakte befindlicher Einträge ist daher – bei elektronischer Erfassung – ab sofort nicht mehr zulässig, bei händisch geführter Patientenakte muss ein evtl. Durchstreichen den vormaligen Inhalt erkennen lassen.

- Diese Änderung ist vor allem wegen der strafrechtlich relevanten Bedeutung der Patientenakte als **Urkunde**[126] **iSd § 267 StGB**[127] relevant. Die Neuregelung hilft Behandelnden wegen ihrer Anforderungen, auch Streichungen transparent zu halten, sogar, leichter zu erkennen, wann eine strafbare Urkundenfälschung vorliegen würde: Nimmt ein Behandelnder zB in einer rein elektronisch geführten Patientenakte eine Löschung von Einträgen vor, ohne dies (zumindest IT-rechtlich rückverfolgbar, also archiviert) zu dokumentieren, ist die Patientenakte nicht mehr vollständig und daher auch nicht mehr „echt“, also inhaltlich verfälscht worden: Sie belegt nun nicht mehr die Inhalte, die sie ursprünglich nachgewiesen hat, sondern nur noch einen Torso dieser Inhalte.
- Weiter bekräftigt die Vorschrift – allerdings nun auch für die händische Führung der Patientenakte – eine bereits arzt-berufsrechtliche Regel zu elektronischen Speichermedien (vgl. § 10 MBO: *„(…) (5) Aufzeichnungen auf elektronischen Datenträgern oder anderen Speichermedien bedürfen besonderer Sicherungs- und Schutzmaßnahmen, um deren Veränderung, Vernichtung oder unrechtmäßige Verwendung zu verhindern. (…)“*).

III. Aufbewahrungsfristen

§ 630f Abs. 3 BGB regelt die Dauer der verpflichtenden Aufbewahrung seitens des Behandelnden: zehn Jahre nach Abschluss der Behandlung – dies entspricht der arzt-berufsrechtlichen Rechtslage. Die Vorschrift zieht ausdrücklich eine Ausnahme zugunsten anderer Vorschriften, die weiterreichende Aufbewahrungspflichten enthalten, zB § 12 GenDG,[128] § 28 **222**

---

[126] Als Urkunde wird eine Gedankenerklärung verstanden, die den Aussteller (hier: den Behandelnden) erkennen lässt und geeignet und bestimmt ist, im Rechtsverkehr Beweis zu erbringen. Bei der **Patientenakte** ist dies der Fall; sie ist Privaterkunde (Rn. 216).

[127] § 267 Abs. 1 StGB: „Wer zur Täuschung im Rechtsverkehr eine unechte Urkunde herstellt, eine echte Urkunde verfälscht oder eine unechte oder verfälschte Urkunde gebraucht, wird mit Freiheitsstrafe bis zu fünf Jahren oder mit Geldstrafe bestraft.“

[128] § 12 GenDG: „(1) Die Ergebnisse genetischer Untersuchungen und Analysen hat die verantwortliche ärztliche Person zehn Jahre in den Untersuchungsunterlagen über die betroffene Person aufzubewahren. Die verantwortliche ärztliche Person hat die Ergebnisse genetischer Untersuchungen und Analysen unverzüglich in den Untersuchungsunterlagen über die betroffene Person zu vernichten, 1.wenn die Aufbewahrungsfrist nach Satz 1 abgelaufen ist oder 2. soweit diese Person nach § 8 Abs. 1 Satz 1 in Verbindung mit Satz 2 entschieden hat, dass die Ergebnisse der genetischen Untersuchungen und Analysen zu vernichten sind. Soweit Grund zu der Annahme besteht, dass durch eine Vernichtung schutzwürdige Interessen der betroffenen Person

Abs. 3 RÖV,[129] § 15 TPG,[130] § 14 Abs. 3 TFG,[131] usw., und selbstverständlich vorrangig zu beachten sind.

223 **Hinweis:** Korrespondierend zu Aufbewahrungspflichten gibt es in Einzelfällen auch Vernichtungspflichten, die grundsätzlich nach Ablauf der Aufbewahrungsfrist eingreifen, vgl. hierzu § 12 GenDG.[132] – Regelmäßig greift kraft Gesetzes keine Vernichtungspflicht nach Ablauf der Aufbewahrungspflicht.

224 **Hinweis:** Nachdem die zivilrechtliche Verjährung von Arzthaftungsansprüchen erst beginnt, wenn beim Patienten Kenntnis bzw. ein Kennenmüssen von Umständen, die einen Arzthaftungsanspruch begründen können, gegeben ist, und für diese Kenntniserlangung eine Verjährungsfrist von 30 Jahren nach Abschluss der Behandlung gilt, kann es oppor-

---

beeinträchtigt würden oder wenn die betroffene Person eine längere Aufbewahrung schriftlich verlangt, hat die verantwortliche ärztliche Person die Ergebnisse anstelle einer Vernichtung nach Satz 2 Nr. 1 zu sperren und dies der nach § 7 Abs. 2 beauftragten Person oder Einrichtung mitzuteilen. Satz 2 Nr. 2 gilt auch, wenn die betroffene Person ihre Einwilligung nach § 8 Abs. 2 widerrufen hat, soweit ihr die Ergebnisse nicht bereits bekannt sind. – (2) Absatz 1 gilt für die Aufbewahrung, Vernichtung und Sperrung des Ergebnisses einer genetischen Analyse durch die nach § 7 Abs. 2 beauftragte Person oder Einrichtung entsprechend."

[129] § 28 RÖV: „(…) (3) Aufzeichnungen über Röntgenbehandlungen sind 30 Jahre lang nach der letzten Behandlung aufzubewahren. Röntgenbilder und die Aufzeichnungen nach Absatz 1 Satz 2 über Röntgenuntersuchungen sind zehn Jahre lang nach der letzten Untersuchung aufzubewahren. Röntgenbilder und die Aufzeichnungen von Röntgenuntersuchungen einer Person, die das 18. Lebensjahr noch nicht vollendet hat, sind bis zur Vollendung des 28. Lebensjahres dieser Person aufzubewahren. (…)" – Zu beachten ist, dass sich die Vorschrift ausschließlich auf die Röntgenbilder bezieht, die nach § 630f Abs. 2 BGB nicht Inhalt der Patientenakte sind.

[130] § 15 TPG: „(1) Die Aufzeichnungen über die Beteiligung nach § 4 Abs. 4, über die Aufklärung nach § 4a Abs. 2, zur Feststellung der Untersuchungsergebnisse nach § 5 Abs. 2 Satz 3 und Abs. 3 Satz 3, zur Aufklärung nach § 8 Abs. 2 Satz 4, auch in Verbindung mit § 8a Satz 1 Nr. 4, § 8b Abs. 1 und 2, § 8c Abs. 1 Nr. 1 Buchstabe b und Abs. 2 und 3 und zur gutachtlichen Stellungnahme nach § 8 Abs. 3 Satz 2 sowie die Dokumentationen der Organentnahme, -vermittlung und -übertragung und die nach § 10a erhobenen Angaben zur Organ- und Spendercharakterisierung sind mindestens 30 Jahre aufzubewahren, um eine lückenlose Rückverfolgung der Organe zu ermöglichen. (2) Die nach § 8d Absatz 2 zu dokumentierenden Angaben müssen mindestens 30 Jahre lang nach Ablauf des Verfalldatums des Gewebes und die nach § 13a zu dokumentierenden Daten mindestens 30 Jahre lang nach der Übertragung des Gewebes aufbewahrt werden und unverzüglich verfügbar sein. (3) Nach Ablauf der Aufbewahrungsfrist nach den Absätzen 1 und 2 sind die Angaben zu löschen oder zu anonymisieren".

[131] § 14 TFG: „(…) (3) Die Aufzeichnungen, einschließlich der EDV-erfassten Daten, müssen mindestens fünfzehn Jahre, die Daten nach Absatz 2 mindestens dreißig Jahre lang aufbewahrt werden. Sie müssen zu Zwecken der Rückverfolgung unverzüglich verfügbar sein. Die Aufzeichnungen sind zu vernichten oder zu löschen, wenn eine Aufbewahrung nicht mehr erforderlich ist. Werden die Aufzeichnungen länger als dreißig Jahre aufbewahrt, sind sie zu anonymisieren."

[132] Vgl. Fn. 124.

tun sein, die Patientenakte auch länger als zehn Jahre aufzubewahren – eine ausdrückliche Pflicht hierzu besteht jedoch nicht.

Hinweis: Sofern Behandelnde ausschließlich mit einer elektronisch geführten Patientenakte arbeiten, sollte wegen der Aufbewahrungsfristen darauf geachtet werden, dass das verwendete Dateiformat auch zehn Jahre lang lesbar bleiben muss; die Verfügbarkeit der Archivierungssoftware bzw. der eingesetzten Praxissoftware muss gesichert sein. Weiter sollte die Stabilität der eingesetzten Datenträger qualitätsgesichert werden. **225**

IV. Sanktionen bei Pflichtverletzung

Nicht unmittelbar aus der Vorschrift des § 630f BGB zu entnehmen ist, welche Konsequenzen es hat, wenn zu spät oder etwa nicht vollständig dokumentiert wird oder eine Dokumentation nicht lange genug aufbewahrt wurde oder gar (teilweise) verlorengegangen ist. Auch hier gilt generell, dass eine bloß unzureichende Dokumentation keinen Behandlungsfehler darstellt; dies allein begründet keine Anspruchsgrundlage. **226**

1. Unzureichende Dokumentation

Sehr wohl kann sich die Verletzung der Dokumentationspflichten als nachteilig erweisen, wenn ein Patient Ansprüche wegen unzureichender oder fehlerhafter Behandlung erheben will und dann zugunsten der Patienten spezifische Beweiserleichterungen gelten. **227**

2. (Teil-)Verlust der Patientenakte

Denselben Effekt des Beweisverlusts kann der teilweise oder totale Verlust der Patientenakte nach sich ziehen, wenn der Patient einem Versäumnis seines Behandelnden nachgehen möchte. Auch hier muss er in seiner beweisrechtlichen Stellung gestärkt werden. **228**

§ 630h BGB Beweislast bei der Haftung für Behandlungs- und Aufklärungsfehler **229**

(…)

(3) Hat der Behandelnde eine medizinisch gebotene wesentliche Maßnahme und ihr Ergebnis entgegen § 630f Absatz 1 oder Absatz 2 nicht in der Patientenakte aufgezeichnet oder hat er die Patientenakte entgegen § 630f Absatz 3 nicht aufbewahrt, wird vermutet, dass er diese Maßnahme nicht getroffen hat.

Näheres hierzu unter § 630h Abs. 3 BGB. **230**

§ 7. Rechte des Patienten zur ihn betreffenden Patientenakte

231 Die Pflicht des Behandelnden zur Einsichtsgewährung in die Patientenakte (§ 630g BGB) trägt dem Recht des Patienten auf informationelle Selbstbestimmung Rechnung. Der Patient soll sich versichern können, wie mit seiner Gesundheit anlässlich der Durchführung einer medizinischen Behandlung umgegangen wird. In der Sache handelt es sich um eine unmittelbare Rechtsposition des Patienten, die ihm aus dem Behandlungsverhältnis erwächst.

232 Streng genommen stellt § 630g BGB auch nicht auf den Abschluss eines Behandlungsvertrages ab, sondern knüpft an Fakten: Ausreichend ist, dass eine den Patienten betreffende Patientenakte vorhanden ist bzw. geführt wurde. Letzteres ist – wegen auch hier arzt-berufsrechtlich vorhandener Dokumentationspflichten, die auch eingreifen, wenn kein Behandlungsvertrag geschlossen ist – zB auch in einem Notfall bei der Behandlung eines Bewusstlosen gegeben, wenn mit diesem unmittelbar im Vorfeld kein Behandlungsvertrag geschlossen werden konnte[133] und der unmittelbare Vertragsschluss erst nach seinem Erwachen nachgeholt wird.

233 § 630g BGB Einsichtnahme in die Patientenakte

(1) Dem Patienten ist auf Verlangen unverzüglich Einsicht in die ihn betreffende Patientenakte zu gewähren, soweit der Einsichtnahme nicht erhebliche therapeutische oder sonstige erhebliche Gründe entgegenstehen. § 811 ist entsprechend anzuwenden.

(2) Der Patient kann Abschriften von der Patientenakte verlangen. Er hat dem Behandelnden die entstandenen Kosten zu erstatten.

(3) Im Fall des Todes des Patienten stehen die Rechte aus den Absätzen 1 und 2 zur Wahrnehmung der vermögensrechtlichen Interessen seinen Erben zu. Gleiches gilt für die nächsten Angehörigen des Patienten, soweit sie immaterielle Interessen geltend machen. Die Rechte sind ausgeschlossen, soweit der Einsichtnahme der ausdrückliche oder mutmaßliche Wille des Patienten entgegensteht.

234 Aus jedem Behandlungsvertrag folgt zwingend die Sekundärpflicht, dem Verlangen des Patienten **unverzüglich,** dh ohne schuldhaftes Zögern (§ 121 Abs. 1 BGB), nachzukommen.

235 **Hinweis:** Eine Fristsetzung müsste daher eine realistische Bearbeitungszeit innerhalb laufenden Praxis- bzw. Klinikbetriebs „einberechnen", dies können im Einzelfall auch mehrere Tage sein.

---

[133] Hier erfolgt die Behandlung in dem Schuldverhältnis der sog. Geschäftsführung ohne Auftrag, § 677 BGB. Vgl. hierzu Fn. 6.

I. Was kann wo & wie von wem verlangt werden?

Das Einsichtnahmerecht bezieht sich auf die **Original-Patientenakte.** Bei elektronischer Dokumentation ist dem Patienten Einsicht in einen Ausdruck zu gewähren. **236**

Als **Ort der Einsichtnahme** (vgl. die Angaben des § 811 BGB[134] zum Vorlegungsort) kommt der Ort in Betracht, wo sich die Original-Patientenunterlagen befinden, also zB die Arztpraxis oder die Räumlichkeiten des Krankenhauses. Wenn ein wichtiger Grund vorliegen würde (zB Erkrankung oder Umzug des Patienten), darf hiervon abgewichen werden, dann müsste aber auch der Patient die hiermit ggf. verbundenen Kosten erstatten. Ob eine ausschließlich elektronisch verfilmte oder ausschließlich so archivierte Dokumentation bereits einen solchen Sonderfall bildet, kann man diskutieren; wünschenswert wäre dies, sofern dem Patienten ersatzweise die erforderlichen Kopien ausgehändigt werden. **237**

Zum **Inhalt** der Patientenakte s. die Angaben unter § 630f Abs. 2 BGB. Auszuhändigen sind ausweislich der Gesetzesbegründung[135] wegen des **Anspruchs auf Vollständigkeit** auch sämtliche, in der Patientenakte enthaltenen (!) Aufzeichnungen über persönliche Eindrücke und subjektive Wahrnehmungen des Behandelnden. **238**

- Zu unterscheiden ist jedoch hierbei, um wessen subjektive Wahrnehmungen es geht, also ob es sich zB um einen Psychiater/Psychotherapeuten oder etwa einen Radiologen/anderen Diagnostiker handelt. – Nicht aus fachlicher Sicht motivierte Eintragungen – wie zB „Memo: IgeL-Leistung anbieten!“ oder „extrem gesprächiger Patient“ gehören sicherlich materiell nicht zum Inhalt der ordnungsgemäß geführten Patientenakte, auch wenn sie im Rahmen eines modernen Praxismanagements durchaus ihre „Berechtigung“ haben können. Soweit es sich um lose Bestandteile (zB Merkzettel) der händisch geführten Patientenakte handelt, könnte insoweit vertretbar eine Aushändigung unterbleiben; Vorsicht ist jedoch geboten, wenn eine Streichung oder gar Unkenntlichmachung durchzuführen wäre, da hier in Zweifelsfällen den Anforderungen des § 630f Abs. 1 S. 2 BGB Genüge getan worden sein müsste, um dem Vorwurf einer Urkundenfälschung vorzubeugen. Dies gilt auch insbesondere für elektronisch geführte Patientenakten.

Der Anspruch auf Überlassung der vollständigen Patientenakte besteht nicht uneingeschränkt: **Grenzen** sind nach § 630g Abs. 1 S. 1 aE BGB erreicht, soweit dem erhebliche therapeutische oder sonstige erhebliche **239**

---

[134] § 811 BGB. „(1) Die Vorlegung hat in den Fällen der §§ **809**, **810** an dem Orte zu erfolgen, an welchem sich die vorzulegende Sache befindet. Jeder Teil kann die Vorlegung an einem anderen Orte verlangen, wenn ein wichtiger Grund vorliegt. – (…)“

[135] BT-Drs. 17/10488, 40.

Gründe entgegen stehen. Hieraus kann die Obliegenheit erwachsen, dem Patienten die ganze oder jedenfalls einen Teil der Patientenakte vorzuenthalten. Nachdem es um die Grundrechtsposition des Rechts auf informationelle Selbstbestimmung geht, besteht hier jedoch bei der Berufung auf entgegenstehende Gründe die **Pflicht zur sorgfältigen Ermittlung und Abwägung der Belange im Einzelfall.** Es müsste schon die Gefahr einer erheblichen gesundheitlichen Selbstschädigung des betreffenden, etwa psychiatrisch behandlungsbedürftigen, Patienten gegeben sein oder in den Aufzeichnungen auch intime Informationen über Dritte enthalten sein, um den Inhalt der Patientenakte (oder Teile hieraus) zurück zu halten.

240 **Hinweis:** Die (teilweise) Ablehnung der Einsichtsgewährung sollte für den Patienten nachvollziehbar begründet werden. Hierbei muss man gegebenenfalls den Mittelweg einschlagen, nicht unmittelbar die Gründe zu nennen, die eine Zurückhaltung rechtfertigen, da dies dann einer – zu vermeidenden – Offenlegung im Ergebnis fast gleichkommt. Hier sollte man sich auf allgemeine, abstrakt formulierte Gründe zurückziehen, die gleichwohl erkennen lassen, dass eine konkrete, einzelfallbezogene gewissenhafte Prüfung erfolgte. Eine bloße Berufung auf den Gesetzeswortlaut „erheblicher entgegenstehender Gründe" wäre insoweit nicht hinreichend.

241 § 630g Abs. 2 BGB hält das **Recht auf entgeltliche Überlassung von Abschriften/Kopien** aus der Patientenakte gegen entsprechende Kostenerstattung fest.

242 **Hinweis:** Vertretbar wäre insoweit, pro Kopie € 0,50[136] anzusetzen.

243 Die gesetzliche Regelung unterstellt unausgesprochen, dass sich **der Anspruch stets gegen den Behandelnden als Vertragspartner des Patienten** aus dem Behandlungsvertrag (oder aus dem Schuldverhältnis der Geschäftsführung ohne Auftrag) richtet, der entweder aktuell die Patientenakte führt oder der sie – kraft entsprechender berufsrechtlicher Verpflichtung – nach Abschluss der medizinischen Behandlung aufbewahrt.

- Hiervon zu unterscheiden ist der Fall, dass sich die Original-Patientenakte im Einzelfall, etwa interimsweise, bei einem Dritten befindet (zB ein Krankenhaus lässt eine händisch geführte Patientenakte nach Abschluss der Behandlung bei einer hierfür spezialisierten und beauftragten Firma zertifiziert verfilmen, um also nur noch eine elektronisch verfügbare Version der Patientenakte aufbewahren zu müssen). Im Verhältnis zu diesem Dritten kann sich der Patient nicht auf § 630g BGB berufen, dh der Patient ist darauf angewiesen, sich insoweit an den Behandelnden zu wenden, der dann entsprechende Herausgabean-

---

[136] Hier gilt § 670 BGB, wonach als Aufwendungsersatz verlangt werden kann, was nach den Umständen für erforderlich gehalten werden kann.

sprüche durchsetzen müsste. – *Hinweis* bei dieser Gelegenheit: Der Patient hat keinen Anspruch darauf, dass eine händisch angelegte Patientenakte dauerhaft für den gesamten Aufbewahrungszeitraum als eine solche „händische" verbleibt. Die Umwandlung in eine ausschließlich elektronische Patientenakte (etwa via Verfilmung) ist also jederzeit zulässig.

II. Rechtslage nach dem Tode des Patienten

Ausdrücklich im Gesetz geregelt ist nun auch das **Recht auf sog.** 244
postmortale Einsicht in die Patientenakte, das nach Versterben des betreffenden Patienten unter bestimmten Voraussetzungen besteht (§ 630g Abs. 3 BGB). Gesetzlich bestimmt ist nun der **Kreis der – rein theoretisch – Einsichtsberechtigten:** hierzu zählen je nach den Gründen, auf welche die Einsichtnahme gestützt wird, entweder die Erben des Patienten (hierzu unten 2.) oder seine nächsten Angehörigen (hierzu unten 3.) (hier kann es, muss es aber keine Überschneidungen zu den Erben geben).

1. Verbot kraft ausdrücklichen oder mutmaßlichen Patientenwillens

Eingangs hervorzuheben ist, dass es vorrangig auf eine entsprechende 245
ausdrückliche Willensäußerung des Patienten ankommt (§ 630g Abs. 3 S. 3 BGB). Hat er – wo und wie auch immer – mündlich oder gar schriftlich verfügt, dass eine postmortale Einsichtnahme verwehrt sein soll, und hat der Verwahrer der Patientenakte hiervon Kenntnis, entsteht das Recht auf postmortale Einsicht in die Patientenakte von vornherein nicht.

Hinweis: In der Praxis wird nicht ohne Weiteres offensichtlich sein, 246
ob der (verstorbene) Patient überhaupt etwas zu diesem Thema der postmortalen Einsicht in seine Krankenunterlagen verfügt hat. Jedenfalls Krankenhäuser könnten dies anlässlich der Patientenaufnahme proaktiv abfragen; eine Pflicht hierzu besteht nicht.

Allerdings anerkennt § 630g Abs. 3 S. 3 BGB weiter, dass auch ein 247
mutmaßlicher Patientenwille einem solchen Einsichtnahmerecht hinterbliebener Personen, die theoretisch zum Kreis der Einsichtsberechtigten zählen, entgegenstehen kann. Nun wird es (bedauerlicherweise) schwierig: Soll man stets allgemein danach fragen, wie mutmaßlich der Patientenwille gewesen wäre – unabhängig davon, aus welchen Gründen jemand die Einsichtnahme verlangt? Oder hängt die Antwort davon ab, um welche Interessen es geht, also zB bei rein (im)materiellen Gründen sollte ein Patient mutmaßlich nichts dagegen haben? Vor solchen, letztlich durch nichts begründbaren Annahmen, die zu einem „Automatismus" zugunsten postmortaler Einsichtnahmerechte führen, muss gewarnt werden. In der Sache geht es beim Recht auf Einsichtnahme in die Patien-

tenakte auf Seiten des Verstorbenen um einen Grundrechtsschutz (Gewährleistung der ärztlichen Schweigepflicht und damit des allgemeinen Persönlichkeitsrechts und der Menschenwürde) über den Tod hinaus, der hier durchbrochen werden soll. Weil hierfür trifftige Gründe gegeben sein müssen, kann auch bereits der **Inhalt des Auskunftsersuchens** (zB hat die Patientin einen Schwangerschaftsabbruch vornehmen lassen? Wie war das Ergebnis der genetischen Analyse des Patienten?) nach dem mutmaßlichen Willen des Patienten solchen Ansprüchen entgegenstehen. Wenn also das **allgemeine Persönlichkeitsrecht des Patienten in seinem Kernbereich betroffen** wäre, wenn (selbst wenn posthum) die Auskunft gegeben würde, dann muss der mutmaßliche Patientenwille als Korrektiv herangezogen werden. Dies bedeutet faktisch: Wenn sich aus den erkennbaren Umständen nicht auf einen konkreten Patientenwillen schließen lässt, besteht bei Inhalten der Patientenakte, die den Kernbereich des Persönlichkeitsrechts berühren, im Zweifel kein Einsichtsrecht.

248 **Hinweis:** Wenn bereits in einem Gesetz Pflichten zur Vernichtung von Patientendaten nach bestimmtem Zeitablauf statuiert sind, zB in § 12 GenDG, darf dies nicht zur Annahme des mutmaßlichen Patientenwillens führen, Hinterbliebene dürften diese Daten ohne Weiteres einsehen.

2. Befugnisse der Erben

249 Die Regelung greift die bisherige Rechtsprechung des Bundesgerichtshofs auf, wonach bei **vermögensrechtlichen Interessen** (hierzu zählt auch die Prüfung der Geltendmachung von haftungsrechtlichen Ansprüchen, die in der Person des verstorbenen Patienten entstanden sind und auf die Erben übergegangen[137] sind, sowie von Versorgungs-, Versicherungs- und Rentenansprüchen) **die Erben** eines Patienten Einsichtsrechte haben.

250 **Hinweis:** In der Praxis bleibt es dabei, dass der Krankenhausträger auf der **Vorlage eines Erbscheins** bestehen muss, um die Legitimation des Kreises der Erben prüfen zu können, bevor hier Unterlagen an eine oder mehrere Personen ausgehändigt werden, die sich als Erben bezeichnen.

3. Befugnisse nächster Angehöriger

251 Kraft der neuen gesetzlichen Regelung haben nun bei sog. „immateriellen Interessen", also **nicht-vermögensrechtlichen Interessen,** auch die **„nächsten Angehörigen"** entsprechende Einsichtsrechte. Die Begründung schweigt sich dazu, was denn genau solche (rein) immateriel-

---

[137] Schadensersatzansprüche, insbesondere Ansprüche auf Schmerzensgeld sind vererblich, BGH NJW 1995, 783.

len Interessen sein könnten, jedoch aus. Hieraus erwächst eine gewisse Rechtsunsicherheit, man wird hier schon etwas gewichtigere Gründe verlangen müssen außer Neugier. Inhaltlich weist die Vorschrift des § 630f Abs. 3 S. 2 BGB daher deutliche Überschneidungen zu der generellen Frage nach einem Verbot kraft mutmaßlichem Patientenwillen auf.

- Zu den nächsten Angehörigen zählen laut Gesetzesbegründung:[138] Der Ehegatte, der Lebenspartner, Kinder, Eltern, Geschwister sowie Enkel (bzw. wohl auch Großeltern).[139]

Im Detail erfährt daher auch im Gesetz der Grundkonflikt, der sich **252**
nach dem Tode eines Patienten stellt, keine abschließende Lösung: Einerseits soll die auch über den Tod des Patienten hinauswirkende Schweigepflicht des Arztes nicht unnötig ausgehöhlt werden können. Andererseits wird man von der mutmaßlichen Einwilligung des Verstorbenen nicht immer ausgehen können (zB Anliegen der Klärung des Vorliegens einer Erb- oder Geisteskrankheit ohne vermögensrechtlichen Bezug: nein; Anforderung eines Obduktionsberichts zur Klärung möglichen Fremdverschuldens am Tod: ja). Um dies aufzufangen, wird bei den immateriellen Interessen also **stets eine Abwägung zwischen dem Totenfürsorgerecht der Angehörigen und dem postmortalen allgemeinen Persönlichkeitsrecht zu treffen sein.** Diese Abwägung obliegt demjenigen, der die Patientenakte führt bzw. aufbewahrt.

---

[138] BT-Drs. 17710488, 41 unter Berufung auf BGH NJW 2002, 2317 ff.

[139] Dieser Personenkreis ist regelmäßig nicht mit den gewillkürten oder gesetzlichen Erben identisch, auch wenn er im Einzelfall mit ihm zusammenfallen kann.

§ 8. Besondere Beweislastregeln (Behandelnden-Haftung)

253 Ausdrücklich nimmt sich das Patientenrechtegesetz nun der Beweislastverteilung im Arzthaftungsprozess an. In der Sache hat es die hierzu höchstrichterlich entwickelte Dogmatik, oftmals ausgehend von Anspruchsgrundlagen, die dem Deliktsrecht entstammen, in § 630h BGB umgesetzt. Die hier festgehaltenen, besonderen Beweislast-Regeln finden nun unmittelbar auf alle Ansprüche aus einem Behandlungsvertrag iSd § 630a BGB Anwendung. Sie sind – rechtstechnisch nun „entsprechend" – auch (weiterhin) im Deliktsrecht maßgeblich.

- Patienten werden weiterhin ihre Ansprüche nur auf haftungsrechtliche Anspruchsgrundlagen aus dem Deliktsrecht stützen können, wenn mangels direkter Vertragsbeziehung zu einem Arzt Ansprüche aus dem Behandlungsvertrag nicht entstanden sind und daher auch hierauf gestützte Schadensersatzansprüche ausscheiden. Dies ist zB der Fall, wenn ein Patient anlässlich seines stationären Aufenthalts im Krankenhaus „nur" einen totalen Krankenhausaufnahmevertrag geschlossen hat, aber gezielt gegen den konkret behandelnden Krankenhausarzt, mit dem er persönlich keinen Behandlungsvertrag geschlossen hat, vorgehen will, oder wenn ein Patient in einer Arztpraxis ambulant von einem in dieser Praxis angestellten Arzt behandelt wurde, gegen den nun konkret Ansprüche erhoben werden.

254 § 630h BGB Beweislast bei der Haftung für Behandlungs- und Aufklärungsfehler

(1) Ein Fehler des Behandelnden wird vermutet, wenn sich ein allgemeines Behandlungsrisiko verwirklicht hat, das für den Behandelnden voll beherrschbar war und das zur Verletzung des Lebens, des Körpers oder der Gesundheit des Patienten geführt hat.

(2) Der Behandelnde hat zu beweisen, dass er eine Einwilligung gemäß § 630d eingeholt und entsprechend den Anforderungen des § 630e aufgeklärt hat. Genügt die Aufklärung nicht den Anforderungen des § 630e, kann der Behandelnde sich darauf berufen, dass der Patient auch im Fall einer ordnungsgemäßen Aufklärung in die Maßnahme eingewilligt hätte.

(3) Hat der Behandelnde eine medizinisch gebotene wesentliche Maßnahme und ihr Ergebnis entgegen § 630f Absatz 1 oder Absatz 2 nicht in der Patientenakte aufgezeichnet oder hat er die Patientenakte entgegen § 630f Absatz 3 nicht aufbewahrt, wird vermutet, dass er diese Maßnahme nicht getroffen hat.

(4) War ein Behandelnder für die von ihm vorgenommene Behandlung nicht befähigt, wird vermutet, dass die mangelnde Befähigung für den Eintritt der Verletzung des Lebens, des Körpers oder der Gesundheit ursächlich war.

(5) Liegt ein grober Behandlungsfehler vor und ist dieser grundsätzlich geeignet, eine Verletzung des Lebens, des Körpers oder der Gesundheit der tatsächlich eingetretenen Art herbeizuführen, wird vermutet, dass der Behandlungsfehler für diese Verlet-

zung ursächlich war. Dies gilt auch dann, wenn es der Behandelnde unterlassen hat, einen medizinisch gebotenen Befund rechtzeitig zu erheben oder zu sichern, soweit der Befund mit hinreichender Wahrscheinlichkeit ein Ergebnis erbracht hätte, das Anlass zu weiteren Maßnahmen gegeben hätte, und wenn das Unterlassen solcher Maßnahmen grob fehlerhaft gewesen wäre.

Im Einzelnen handelt es sich um „Insidern" hinlänglich bekannte Beweisfiguren, die die „Waffengleichheit" im Arzthaftungsprozess zwischen klagendem Patienten und beklagtem Arzt und/oder Krankenhaus herstellen sollen. **255**

I. Voll beherrschbares Behandlungsrisiko

Es gibt Behandlungsrisiken,[140] die, so hat es sich inzwischen begrifflich eingebürgert, ohne dass es irgendwo verbindlich definiert wäre, als seitens des Behandelnden *„voll beherrschbar"* bezeichnet werden (sog. voll beherrschbares Risiko). Zusammengefasst sind dies Gefahren, die dem Herrschafts- und Organisationsbereich des Behandelnden (va des Arztes oder des Krankenhauses) zuzuordnen sind. **256**

Zu denken ist insbesondere an den Einsatz medizinisch-technischer Geräte,[141] den allgemeinen Hygiene-Standard, die Gewährleistung der Verrichtungssicherheit durch Pflegepersonal, aber auch die Koordinierung[142] bzw. Organisation der Behandlungsabläufe. Hier darf der Patient unterstellen, ja darauf vertrauen, dass zu seiner eigenen Sicherheit und zu seinem Schutz alle erforderlichen Anordnungen eingehalten, Kontrollen und Wartungen durchgeführt werden, die nach dem allgemeinen Erkenntnisstand bereits rechtlich geboten und, zusätzlich, tatsächlich sinnvoll und möglichst effektiv sind. **257**

- In der Sache einschlägig sind daher sämtliche rechtlichen Vorgaben zur Arzneimittelsicherheit,[143] zur Medizinprodukte[144]- und Gerätesicherheit,[145] zur Hygiene,[146] zur Verkehrssicherung innerhalb von Gebäuden und Räumen (zB im OP),[147] zur Lagerung,[148] aber auch zur Personal-

---

[140] Eine vermutlich ungewollte Formulierungsschwäche: Das Gesetz spricht zwar nur von allgemeinen Behandlungsrisiken, wollte aber wohl besondere Behandlungsrisiken nicht von der Regelung ausnehmen.

[141] ZB Funktionstüchtigkeit des Narkosegeräts, Röntgengeräts bzw. Geräts zur Infrarotbestrahlung, der Filtrationsanlage.

[142] ZB im Bereich der horizontalen Arbeitsteilung zu potentiellen Unverträglichkeiten eingesetzter Instrumente (zB Ketaneast-Narkose und Thermokauter).

[143] § 14 ApoG (Krankenhausapotheke), AMG.

[144] MPG und Verordnungen (MPSicherheitsVerordnung, usw.).

[145] Geräte- und Produktsicherheitsgesetz (GPSG).

[146] InfSchG, MedHygV, Empfehlungen des Robert-Koch-Instituts, insbesondere der Kommission für Krankenhaushygiene und Infektionsprävention (KRINKO).

[147] Sturz von Untersuchungsliege, OLG Hamm MedR 2008, 217 ff.

[148] Lagerung von Gewebeproben, BGH MedR 2002, 196 ff.

hierarchie,[149] -verfügbarkeit,[150] -auslastung,[151] -auswahl[152] und -einteilung.[153] Beachtlich hierzu sind in diesem Zusammenhang nicht nur formale Gesetze und untergesetzliche Normen, sondern auch aktuelle Erkenntnisse der höchstrichterlichen Rechtsprechung.

- Weiter hierher gehören aber auch die jeweils **aktuellen** Leitlinien der medizinischen Fachgesellschaften (zB AMWF e.V.), die *zur Patientensicherheit* bestimmte Behandlungsstandards definieren, die Bezüge zur Organisation von medizinischen Teams aufweisen. So schreibt zB die einschlägige Leitlinie zum Einsetzen von Transkatheter-Herzklappen vor, dass sie nur von einem interdisziplinären Team von Kardiologen, Herzchirurgen und anderen im Einzelfall erforderlichen Spezialisten durchgeführt werden dürfen, wobei stets eine technisch entsprechend ausgestattete herzchirurgische Abteilung ausgewiesen sein muss. – Für den ambulanten Bereich sei beispielhaft die Leitlinie zur Sedierung in der gastrointestinalen Endoskopie genannt, die sich auch mit dem Thema des in der Praxis vorzuhaltenden Notfallmanagements befasst.
- Es kommt nicht darauf an, ob ein Vorfall, wenn er sich trotz dieser rechtlichen Vorgaben und dem Bemühen diese einzuhalten tatsächlich ereignet, überhaupt vermeidbar war. Entscheidend ist, dass es um ein allgemeines Risiko geht, das bereits bekannt ist und deswegen Anlass gibt, geeignete Vorsichtsmaßnahmen zu ergreifen.

258 § 630h BGB Beweislast bei der Haftung für Behandlungs- und Aufklärungsfehler

(1) Ein Fehler des Behandelnden wird vermutet, wenn sich ein allgemeines Behandlungsrisiko verwirklicht hat, das für den Behandelnden voll beherrschbar war und das zur Verletzung des Lebens, des Körpers oder der Gesundheit des Patienten geführt hat.

(…) …

259 Nachdem der Patient jedoch keine Möglichkeit hat, insgesamt oder im Detail verlässlich objektive Interna über den Herrschafts- und Organisationsbereich seines Behandelnden zu erfahren, gilt zu seinen Gunsten nun eine Beweiserleichterung:

260 Er kann sich in dem nun gesetzlich geregelten Sonderfall im Ergebnis auf **die *Vermutung* stützen, dass der Behandelnde ihm gegenüber behandlungsfehlerhaft handelte,** aber auch nicht auf mehr. Die Regelung des § 630h Abs. 1 BGB führt also nicht dazu, dass es zur automatischen Zurechnung sämtlicher beim Patienten eingetretener Gesundheitsschäden kommt.

---

[149] Ausgestaltung der Dienst- und Arbeitsverträge; Weisungen zu „Schnittstellen" sicherstellen.

[150] Konkrete Dienstpläne.

[151] Arbeitszeitgesetz.

[152] Wahrung des Facharztstandards.

[153] Einhaltung der Grenzen zulässiger Delegation.

Hinweis: Die Vermutung umfasst daher – man lese den Gesetzestext nochmals langsam – auch nur, dass hier dem Behandelnden ein Fehler anzulasten ist. Nicht vermutet wird, dass dieser Fehler für sämtliche der eingetretenen Schäden tatsächlich ursächlich war! Letzteres muss also dann der Patient noch beweisen. 261

Für die Geltendmachung von Schadensersatzansprüchen wegen erlittener Gesundheitsschäden müssen also folgende Voraussetzungen erfüllt sein: 262

1. Verwirklichung eines allgemeinen Behandlungsrisikos beim Patienten (= beim Patienten eingetretene Verletzung der Gesundheit), das **voll beherrschbar** war,
Hier greift nun die Vermutung des § 630h Abs. 1 BGB: Damit liegt aber die Beweislast, dass das Behandlungsrisiko im Einzelfall voll beherrschbar war, also die Beweislast für die Basis, auf der die Vermutung aufsetzt, beim Patienten. Hierfür wird jedoch regelmäßig der Vortrag von Umständen genügen, aus denen sich die Vernachlässigung der og Organisationspflichten ergibt.
Hinweis: Kann der verklagte Krankenhausträger im voll beherrschbaren Bereich nicht nachweisen, nicht umfassend die notwendigen Anweisungen und Kontrollen durchgeführt zu haben, kann dies zum Unterliegen im Prozess führen. Besonders sorgfältige vorbeugende Dokumentation ist auf Behandelndenseite in bereits gesetzlich normierten Bereichen geboten. ZB ist der Bereich der Hygiene nicht ohne Weiteres als voll beherrschbar anzusehen. Hier kann es entlasten, wenn man „Hygienepläne“ vorlegen kann, die einen diesbezüglichen bestimmten Standard vorsehen, dessen Einhaltung überprüfbar ist.
und

2. Beweis der Kausalität/Ursächlichkeit des verwirklichten Risikos für die eingetretene Rechtsgutsverletzung (Körperverletzung).

II. Dokumentation der Aufklärung und/oder Einwilligung

§ 630h Abs. 2 BGB sieht eine **feste Beweislastumkehr zulasten des Behandelnden** vor, wenn der Nachweis der erforderlichen Einholung der Einwilligung iSd § 630d BGB sowie (= und/oder) der Aufklärung iSd § 630e BGB nicht erbracht werden kann. Wichtig: S. 2 der Vorschrift enthält eine wichtige **Sonderregelung,** wenn insbesondere der **Nachweis der Aufklärung nicht erbracht** werden kann. Sie nimmt Bezug auf die Rechtsfigur der sog. **hypothetischen Einwilligung,** die Folgendes meint: Zu prüfen ist, wie es wäre, wenn (wie tatsächlich nicht beweisbar) die Aufklärung ordnungsgemäß erfolgt wäre. Hätte der Patient dann seine Einwilligung erteilt, dann soll er sich im Ergebnis nicht erfolgreich auf 263 die unterbliebene Aufklärung und eine deswegen unwirksame Einwilligung berufen können.

264 § 630h BGB Beweislast bei der Haftung für Behandlungs- und Aufklärungsfehler

(1) …

(2) Der Behandelnde hat zu beweisen, dass er eine Einwilligung gemäß § 630d eingeholt und entsprechend den Anforderungen des § 630e aufgeklärt hat. Genügt die Aufklärung nicht den Anforderungen des § 630e, kann der Behandelnde sich darauf berufen, dass der Patient auch im Fall einer ordnungsgemäßen Aufklärung in die Maßnahme eingewilligt hätte.

265 Wird der Nachweis der Aufklärung nicht erbracht, unterliegt die dann noch mögliche **Berufung** seitens des Behandelnden **auf eine hypothetische Erteilung der Einwilligung** (also: Der Behandelnde beruft sich darauf, der Patient hätte die Einwilligung auch bei Unterbleiben der Aufklärung erteilt) jedoch strengen Beweisanforderungen.

- Im Prozess bedeutet dies, dass der Patient genau dies aber dann bestreiten kann. Ohne dass dies aus der Beweislastregel des § 630h Abs. 2 S. 2 BGB herauszulesen wäre, gilt dann Folgendes: Es spielt keine Rolle, wie ein verständiger oder durchschnittlicher Patient entschieden hätte, es sind nicht einmal Ausführungen des Patienten zu seinem potenziellen Alternativ-Verhalten erforderlich, er muss nur vortragen, dass er **individuell (!)** bei entsprechender Aufklärung niemals eingewilligt hätte.
- **Hinweis:** Ist der Patient anwaltlich gut beraten, sinken die Chancen, dass sich der Behandelnde erfolgreich auf die sog. hypothetische Einwilligung berufen kann, erheblich. Der Patient muss – jedenfalls nach bisheriger Rechtsprechung[154] – nur plausible Gründe dafür vortragen, dass er sich auch bei ordnungsgemäßer Aufklärung in einem „echten Entscheidungskonflikt"[155] über die Vornahme der Maßnahme befunden hätte, etwa durch die Aufklärung wäre bei ihm ein ernsthafter und nachhaltiger innerer Konflikt ausgelöst worden, der zu einer Ablehnung der Maßnahme geführt hätte. Wurde der Einwand der hypothetischen Einwilligung – auf diese Weise – erfolgreich entkräftet, liegt ohne Weiteres eine Pflichtverletzung des Behandlungsvertrages vor, die grundsätzlich ermöglicht, bei einer Behandlung erlittene Schäden auf § 280 BGB zu stützen. Daneben kann sich der Patient dann deliktsrechtlich auf Ansprüche aus unerlaubter Handlung (§§ 823ff. BGB) berufen.
- **Hinweis:** Der Prozess ist gleichwohl, auch wenn § 630h Abs. 2 BGB voll einschlägig ist, noch nicht gewonnen. Vielmehr muss sich – so jedenfalls die bisherige Rechtsprechung – bei den anlässlich der beim unaufgeklärten Patienten eingetretenen Gesundheits-Schäden im Er-

---

[154] Es steht nicht zu erwarten, dass diese ohne Weiteres aufgegeben werden wird.
[155] BGH VersR 1998, 766.

gebnis auch **das aufklärungsbedürftige Risiko**[156] **verwirklicht** haben. Das ist auch konsequent, da der Schutzzweck der Aufklärung genau das verfolgt: Ermöglicht werden soll, dass der Patient den medizinischen Eingriff wegen des, wie er nach der Aufklärung weiß, damit verbundenen Risikos ablehnen kann.

Fast schon „traditionell" wurde in Arzthaftungsprozessen sehr häufig „für alle Fälle" die **„Standardrüge" fehlender Aufklärung** vorgetragen. 266

- An sich dürfte dies nun aber – da immerhin auch die Dokumentation der Aufklärung ebenso wie die Aufklärung selbst als Sekundärpflichten aus dem Behandlungsvertrag nachlesbar in § 630e BGB und § 630f BGB geregelt sind – tatsächlich rückläufig werden, zumindest wenn man unterstellt, dass sich die Behandelnden hier zukünftig eng an den Pflichten orientieren werden, die sich bereits aus dem Gesetzeswortlaut ergeben.

III. Sonstiges Dokumentationsversagen

§ 630h BGB Beweislast bei der Haftung für Behandlungs- und Aufklärungsfehler 267

(…)

(3) Hat der Behandelnde eine medizinisch gebotene wesentliche Maßnahme und ihr Ergebnis entgegen § 630f Absatz 1 oder Absatz 2 nicht in der Patientenakte aufgezeichnet oder hat er die Patientenakte entgegen § 630f Absatz 3 nicht aufbewahrt, wird vermutet, dass er diese Maßnahme nicht getroffen hat.

Diese Regelung wird dann relevant, wenn der Patient seinen Behandlungsfehlervorwurf darauf stützen möchte, dass eine fachlich gebotene medizinische Maßnahme regelwidrig nicht vorgenommen, also unterlassen, wurde. Inhaltlich geht es zum einen um die Sicherung bereits erhobener Befunde, die dokumentationspflichtig sind, zum anderen bereits darum, dass überhaupt alle diejenigen medizinischen Maßnahmen ergriffen wurden, die iS einer sorgfältigen und umfassenden Behandlung eine Entscheidung zu einer ggf. zusätzlichen Befunderhebung erst ermöglichen. Die Pflicht zur Aufbewahrung der Patientenakte dient, neben der Funktion der Befundsicherung für evtl. nachbehandelnde Ärzte, auch dazu, die im Einzelfall maßgebliche Dokumentation „griffbereit" zu haben. 268

Fachmedizinisch werden **Befundergebnisse *stets*** in der Patientenakte dokumentiert, auch, ob der Operationsverlauf regelrecht (= unauffällig) war. Allerdings sind die *medizinischen Dokumentationsgepflogenheiten* so, dass ein regelrechter Verlauf nur sehr knapp festgehalten wird, während **Besonderheiten *immer* dokumentationspflichtig** sind. Als eine Besonderheit ist nach der höchstrichterlichen Rechtsprechung nicht nur 269

---

[156] BGH NJW 2000, 1784.

ein gesteigertes medizinisches Anforderungsprofil aufgrund der individuellen Patientenkonstitution oder eines aktuellen Zwischenfall-Managements zu verstehen, sondern zB auch die Tatsache, dass als Operateur zwar ein Facharzt, aber hinsichtlich des konkreten Eingriffs ein „Berufsanfänger“ zu Werke ging,[157] sogar wenn es sich nur um einen „Routineeingriff“ handelte.

270 **Was im Einzelnen wie zu dokumentieren ist, ist eine *reine Sachverständigenfrage,*** die auch stets nur für das jeweilige medizinische Fachgebiet beantwortet werden kann. Grundsätzlich gilt hier – vereinfacht gesprochen – die **„Faustformel“: „Was nicht dokumentiert ist, fand auch nicht statt!“**

- So kann zB in einen im OP-Bericht ausdrücklich als regelrecht bezeichneten Operationsverlauf nicht hineingelesen werden, es habe eine regelwidrige, übermäßige Blutung gegeben. Fehlt hingegen der OP-Bericht ganz, so ist nicht belegbar, dass der OP-Verlauf regelrecht war (auch wenn sich der Patient an das Stattfinden der OP als solche erinnert). Steht zB im OP-Bericht, dass der Patient (abweichend vom Regelfall) stark blutete, sind aber keine weiteren Maßnahmen dokumentiert, die hierdurch im Besonderen veranlasst wurden, muss man davon ausgehen, dass auch keine Maßnahmen ergriffen wurden (sonst wären sie, da als Abweichung vom Regelfall stets dokumentationspflichtig, auch dokumentiert worden).
- **Hinweis:** Sieht ein Patient die fachmedizinische Dokumentation ein, sollte er sich hierbei von einem Arzt, der die jeweiligen Dokumentationsgepflogenheiten kennt, erläutern lassen, was die Dokumentation im Einzelnen bedeutet. Für den medizinischen Laien sind möglicherweise OP-Berichte oder Arztbriefe, die teilweise ausformuliert sind, eher „verständlich“ und einer überschlägigen Prüfung zugänglich, als zB reine Verlaufsprotokolle (zB ein Narkoseprotokoll).

271 In folgenden Konstellationen greift die **Beweiserleichterung** des § 630h Abs. 3 BGB, wonach im Ergebnis **vermutet** wird, dass eine jeweils **medizinisch gebotene Maßnahme** (zB zur Befundsicherung oder zur Befunderhebung) **nicht getroffen** wurde:

1. Die streitgegenständliche Dokumentation in der Patientenakte erfolgte verspätet oder fehlt gänzlich.
Dies ist bereits einschlägig, wenn seitens des Behandelnden **(!) nicht in unmittelbarem zeitlichem Zusammenhang** (s. § 630f Abs. 1 BGB) dokumentiert wurde oder zu einem bestimmten Behandlungsschritt überhaupt nichts festgehalten ist (also zB auch, wenn ein an sich angezeigter Arztbrief nicht in der Patientenakte befindlich ist) (s. § 630f Abs. 2 BGB).

---

[157] BGH VersR 1985, 782.

Hinweis: Höchst vorsorglich sollten Krankenhausträger ihr für die medizinische Behandlung verantwortliches Personal anweisen, die Dokumentation stets zeitnah und vollständig zu erbringen.

oder

2. Die Patientenakte wurde innerhalb laufender Aufbewahrungspflichten nach § 630f Abs. 3 BGB verloren bzw. ist nicht auffindbar.
Nach Ablauf der zehnjährigen Aufbewahrungspflicht greift § 630h Abs. 3 BGB nicht, es können auch keine beweisrechtlichen Nachteile mehr entstehen.

und in beiden Fällen:

3. Der Behandelnde kann das Gegenteil (= die medizinische Maßnahme, die an sich dokumentiert sein müsste, wurde durchgeführt) nicht beweisen.

Im Ergebnis kann also ein Patient, wenn er zB die fehlerhafte Unter- **272** lassung einer Befunderhebung (zB einer Röntgenaufnahme oder Biopsie) dafür verantwortlich macht, dass sich bei ihm unentdeckt ein malignes Karzinom ausgebreitet hat, das rechtzeitig entdeckt noch operabel gewesen wäre, sich im Prozess wie folgt verhalten, wenn er im Ergebnis die Regel § 630h Abs. 3 BGB zu seinen Gunsten in Anspruch nehmen kann:

Es genügt dann vorzutragen, dass es bei dem vorliegenden Krank- **273** heitsbild, wie es sich aus den bereits erhobenen Befunden ergeben hat, angezeigt war, eine bestimmte weitere Befunderhebung durchzuführen. Weiter darf – weil die Patientenakte nichts Entsprechendes dokumentiert – vermutet werden, dass sie unterblieben ist. Es ist dann eine Sachverständigenfrage, ob die zusätzliche Befunderhebung – bei dem vorliegenden Krankheitsbild – aus medizinischer Sicht hätte durchgeführt werden müssen. Falls dies bejaht wird, steht der **Behandlungsfehler** als solcher schon einmal fest. Zu beweisen bleibt für den Patienten dann nur noch, dass der bei ihm eingetretene Schaden (körperliche Belastungen im Tumor*end*stadium, obwohl eine Entdeckung im Anfangsstadium wahrscheinlich war) auf dieser zum damaligen Zeitpunkt unterlassenen Befunderhebung beruht (Beweis der Ursächlichkeit).

Hinweis: Wichtig zu wissen ist, dass zugunsten des Patienten weitere **274** (!) besondere Beweislastregeln greifen können, wenn zB der Behandelnde im konkreten Einzelfall **grob behandlungsfehlerhaft** vorging bzw. das Befundsicherungs-/-erhebungs-Versäumnis besonders gravierende Konsequenzen mit sich brachte.[158] Dies ist dadurch gerechtfertigt, weil und sofern der Behandelnde zurechenbar wegen Dokumentationsversäumnissen eine Lage geschaffen hat, die nicht erkennen lässt, wie der Verlauf bei ordnungsgemäßer Behandlung gewesen wäre.

---

[158] Hierzu Rn. 289 zu § 630h Abs. 5 BGB.

IV. Fehlende fachliche Befähigung

275 § 630h BGB Beweislast bei der Haftung für Behandlungs- und Aufklärungsfehler

(…)

(4) War ein Behandelnder für die von ihm vorgenommene Behandlung nicht befähigt, wird vermutet, dass die mangelnde Befähigung für den Eintritt der Verletzung des Lebens, des Körpers oder der Gesundheit ursächlich war.

276 Bereits die Übertragung von Arbeiten an einen nicht-befähigten Arzt stellt einen Verstoß gegen den Facharztstandard dar. § 630h Abs. 4 BGB sieht eine Beweiserleichterung bei „fehlender Befähigung" des Behandelnden vor. Die Norm steht in unmittelbarem Zusammenhang mit § 630a Abs. 2 BGB, wonach eine Behandlung nach den anerkannten fachlichen Standards geschuldet ist.

277 Selbstverständlich gilt die Maxime, dass der Behandelnde nur dann eine Delegation oder gar Substitution an einen anderen, statt seiner dann tatsächlich Behandelnden vornimmt, wenn er die Durchführung der Behandlung nicht ohnehin nur höchstpersönlich[159] schuldet. Im Krankenhaus bei nur abgeschlossenem totalen Krankenhausaufnahmevertrag (ohne Arztzusatzvertrag) ist jedoch der Regelfall, dass die Person bzw. der Facharzt, die/der den Eingriff durchführt, nicht von vornherein feststeht. Auch hier gilt natürlich grundsätzlich, dass – ohne übrigens (mangels Gefahrerhöhung) hierüber den Patienten besonders im Vorfeld aufklären zu müssen – der Chefarzt einer Fachabteilung auch den neu eingestellten Oberarzt für die OP einteilen darf, wenn dieser erst am Vortag seine Facharztprüfung bestanden und auch die Art des geplanten Eingriffs zuvor noch nicht allein durchgeführt hat. Allerdings muss – und nur dann besteht keine Gefahrerhöhung für den Patienten (!) – in diesem Fall sichergestellt sein, dass der Chefarzt als „Erfahrener" jederzeit eingreifen und das Ruder übernehmen kann, also die Behandlung auf Facharztniveau jederzeit gesichert ist.

278 **Hinweis:** Die Beweislastregel des § 630h Abs. 4 BGB kommt in der Praxis überhaupt erst dann zum Tragen, wenn bei der Einbindung von Berufsanfängern erforderliche organisatorische Rahmenbedingungen nicht oder nur lückenhaft eingehalten wurden.

279 Mit „nicht befähigt" ist ein **objektives Fehlen der fachlichen Qualifikation**[160] gemeint, zB bei Berufsanfängern, oder gar bei noch in Ausbildung befindlichen Ärzten. Auf ein subjektiv-individuelles Verschulden des konkret am Patienten eingesetzten Behandlers kommt es daher *für die Beweiserleichterung* nicht an.

280 **Hinweis:** Die Patientenakte muss zB über den OP-Bericht darüber Auskunft geben, wer den operativen Eingriff durchgeführt hat. Zu den

---

[159] Hierzu s. Rn. 72ff.

[160] BT-Drs. 17/10488, 45, 46.

gesteigerten Anforderungen an die Dokumentation in solchen Fällen generell empfehlen sich für Krankenhäuser Dienstanweisungen.[161]

Kraft der Beweiserleichterung wird vermutet, dass die mangelnde Be- **281** fähigung für die aufgetretene Verletzung der Gesundheit des Patienten ursächlich gewesen ist. In der Sache gilt hiermit die bisherige Rechtsprechung[162] zum Stichwort „Anfängerfehler" ohne Weiteres fort.

Schließlich hat der Behandelnde darzulegen und, was regelmäßig **282** schwierig ist, zu beweisen, dass die eingetretene Komplikation ihre Ursache nicht in der fehlenden Qualifikation, Übung oder Erfahrung hat.

V. Grober Behandlungsfehler und Befundsicherungs-/-erhebungsfehler

Anders als in den sonstigen Regeln, die § 630h BGB vorhält, und die **283** zugunsten des Patienten mit bestimmten Vermutungsregelungen **Beweiserleichterungen** verschafft, enthält § 630h Abs. 5 BGB eine echte **Beweislastumkehr:**

Im Ergebnis greift hier unter bestimmten Voraussetzungen – dh soweit **284** es dem Patienten gelingt, den Vorwurf entsprechend grober Verfehlungen (Sachverständigenfrage) zu erheben – die Vermutung der Ursächlichkeit (Kausalität) eines solchen Behandlungsfehlers für eine bestimmter Gesundheitsverletzung, die der Patient anlässlich einer medizinischen Behandlung erlitten hat. Im Prozess wird also der Patient davon entlastet, beweisen zu müssen, dass genau dieser Behandlungsfehler im Einzelnen auch den erlittenen Gesundheitsschaden (in seinem gesamten Ausmaß) verursacht hat. Vielmehr kehrt sich die Beweislast um, dh der Behandelnde müsste dann beweisen, dass diese „Ursächlichkeitsvermutung" naturwissenschaftlich nicht haltbar ist, etwa weil es ausschließlich eine andere Ursache für die Gesundheitsbeeinträchtigung gab. Ein solcher Gegenbeweis ist – wiederum aus naturwissenschaftlichen Gründen – regelmäßig nicht zu führen, dh er wird nur in sehr engen, praktisch höchst seltenen Ausnahmefällen das Unterliegen des Behandelnden im Arzthaftungsprozess vermeiden können.

§ 630h BGB Beweislast bei der Haftung für Behandlungs- und Aufklärungsfehler **285**

(…)

(5) Liegt ein grober Behandlungsfehler vor und ist dieser grundsätzlich geeignet, eine Verletzung des Lebens, des Körpers oder der Gesundheit der tatsächlich eingetretenen Art herbeizuführen, wird vermutet, dass der Behandlungsfehler für diese Verletzung ursächlich war. Dies gilt auch dann, wenn es der Behandelnde unterlassen hat, einen medizinisch gebotenen Befund rechtzeitig zu erheben oder zu sichern, soweit der Befund mit hinreichender Wahrscheinlichkeit ein Ergebnis erbracht hätte, das An-

---

161 Rn. 269.

162 BGH VersR 1993, 1231, 1233.

lass zu weiteren Maßnahmen gegeben hätte, und wenn das Unterlassen solcher Maßnahmen grob fehlerhaft gewesen wäre.

286 § 630h Abs. 5 BGB regelt zum einen für den sog. groben Behandlungsfehler sowie für die (einfach) fehlerhaft unterlassene Befunderhebung bzw. unterbliebene Befundsicherung, die sich konkret als grobe Verfehlung erweist, eine Beweislastumkehr hinsichtlich der haftungsbegründenden Kausalität, mit den soeben ausgeführten Konsequenzen.

1. Grober Behandlungsfehler

287 Die Einordnung, wann ein grober Behandlungsfehler vorliegt, erfolgt **rein fachmedizinisch (= Sachverständigenfrage).** Im Gesetz findet sich hierzu keine Legaldefinition.

- Nach der bisherigen höchstrichterlichen Rechtsprechung, die nach wie vor heranzuziehen ist, handelt es sich um einen **elementaren Fehler, der aus objektiver Sicht nicht mehr verständlich**[163] ist. Dies ist stets dann gegeben, wenn der Behandelnde **stets zu beachtende diagnostische und therapeutische Grundregeln außer Acht** gelassen hat.
- Bloße Diagnosefehler sind in der Regel nicht als grobe Behandlungsfehler einzustufen, da Irrtümer und Fehldiagnosen häufig vorkommen. Nur in Ausnahmefällen kann es sog. **fundamentale Diagnosefehler** geben: Hierbei müsste es sich um eine Fehlinterpretation handeln, die einem Arzt schlechterdings nicht unterlaufen darf.[164]
- Auch eine unterlassene Befunderhebung und Befundsicherung, also das Unterbleiben der Erhebung von Diagnose- und Kontrollbefunden, kann hierunter fallen, wenn sie **grob fehlerhaft** unterbleibt. Insoweit ist die Sonderregelung des § 630h Abs. 5 S. 2 BGB zu beachten.
- In Betracht kommen auch **grobe Organisationsfehler,** die zB grob fehlerhaftes Verhalten nicht-ärztlichen Personals nach sich ziehen (zB unzureichende Besetzung einer Station in einer psychiatrischen Klinik).
- Ein grober Behandlungsfehler kann **auch im Unterlassen** einer erforderlichen **therapeutischen Information**[165] **iSd § 630c Abs. 2 BGB** liegen, soweit dem Patienten hierdurch erhebliche gesundheitliche Nachteile drohen (zB unterlassener Hinweis auf erforderlich werdende Folgeoperation binnen zwölf Wochen).
- Auch **grobe Therapiefehler,** wie etwa eine Standardmethode nicht anzuwenden, um bekannte Risiken zu bekämpfen oder eindeutig und

---

[163] BGH MedR 2004, 561.

[164] ZB auf einem Röntgenbild eindeutig erkennbare Fraktur wird von Orthopäde/Unfallchirurg übersehen.

[165] Vgl. zur unterlassenen oder fehlerhaften Sicherungsaufklärung: BGH VersR 2005, 228ff.

gravierend gegen medizinische Soll-Standards zu verstoßen, stellen grobe Behandlungsfehler dar.

- Auch in der **Gesamtbetrachtung des gesamten Behandlungsgeschehens** kann sich ergeben, dass ein mehrfaches und ggf. wiederholt einfach behandlungsfehlerhaftes Verhalten in der Gesamtschau als grob fehlerhaft anzusehen[166] ist (zB fünf einfache Behandlungsfehler innerhalb einer Geburt).[167]

Der (grobe) Behandlungsfehler muss grundsätzlich, also generell, geeignet sein, einen Gesundheitsschaden wie den konkret eingetretenen herbeizuführen. **288**

2. (Einfach) Fehlerhaft unterlassene Befunderhebung bzw. unterbliebene Befundsicherung

Die einfache fehlerhaft unterlassene Befunderhebung bzw. unterbliebene Befundsicherung sind bereits gegeben, wenn ein medizinisch gebotener Befund nicht rechtzeitig erhoben und/oder dokumentiert wurde. Zu dieser Annahme kann es im Prozess bereits aufgrund der Regel des § 630h Abs. 3 BGB[168] gekommen sein. **289**

Grundsätzlich muss nun der hiervon betroffene Patient im Prozess weiter beweisen, dass die Gesundheitsschäden, die er erlitten hat (zB bösartiger Tumor im Endstadium), darauf beruhen, dass damals eine Befunderhebung (zB Biopsie) und – je nach Ergebnis des Befundes – weitere indizierte Maßnahmen (zB operative Entfernung im Anfangsstadium) unterblieben sind. Hierüber lässt sich nun an sich trefflich spekulieren, wie der Verlauf denn gewesen wäre, wenn der Befund rechtzeitig erhoben bzw. gesichert worden wäre. **290**

Daher gilt nach § 630h Abs. 5 S. 2 BGB Folgendes: **291**

a) Besteht nun die hinreichende Wahrscheinlichkeit, dass der (unterlassene) Befund ein *„reaktionspflichtiges Ergebnis"* gebracht hätte (= Sachverständigenfrage), also ein Ergebnis, das Anlass zu weiteren Maßnahmen gegeben hätte,
und
b) wäre das Unterbleiben einer solchen weiteren Maßnahme als grob fehlerhaft anzusehen (= Sachverständigenfrage)

dann gilt folgende Ursächlichkeitsvermutung zugunsten des Patienten:

Es wird dann vermutet, dass der Gesundheitsschaden, den er erlitten hat, etwa weil eine Befunderhebungsmaßnahme unterblieb (und deswegen sein Tumor nicht bereits im Frühstadium entdeckt wurde), genau auf

---

[166] BGH NJW 2001, 2792 ff.
[167] OLG Stuttgart VersR 2001, 1560.
[168] Vgl. hierzu Rn. 267.

diesem damaligen Unterlassen beruht, und zwar auch hinsichtlich des Umfangs der eingetretenen Gesundheitsschädigung.

Der Behandelnde kann dann nur noch versuchen zu beweisen,

a) dass der Fehler **generell nicht geeignet** ist, einen Gesundheitsschaden wie den eingetretenen herbeizuführen (=Sachverständigenfrage) oder

b) dass jeglicher **Ursachenzusammenhang zwischen grobem Fehler und Rechtsgutsverletzung** aufgrund der besonderen Umstände des Einzelfalles „äußerst unwahrscheinlich“[169] ist (= Sachverständigenfrage).

Die nicht ganz einheitliche oberlandesgerichtliche Rechtsprechung hat sich bisher dahingehend eingelassen, dass die Angabe einer **Wahrscheinlichkeit von 10% oder weniger** bereits als äußert unwahrscheinlich[170] anzusehen ist. Ob mit der Formulierung „hinreichende Wahrscheinlichkeit“ nun hiervon abgewichen werden soll, ist rein spekulativ; die Gesetzesbegründung äußert sich nicht in diese Richtung.

---

169 BGH VersR 2011, 1148.

170 ZB OLG Stuttgart MedR 2000, 35ff.; OLG Koblenz MedR 2005, 358. – Zu Einzelheiten keine klare Linie der Rechtsprechung.

3. Abschnitt. Regelungen im SGB V

Das Patientenrechtegesetz wurde, wie bereits erläutert,[171] zum Anlass genommen, ergänzend im Recht der Gesetzlichen Krankenversicherung Regelungen aufzunehmen, in der Absicht, zu einer weiteren Verbesserung der Rechtspositionen gesetzlich Versicherter beizutragen. 292

Die nachfolgende Darstellung versteht sich nicht als sozialrechtliche Kommentierung, auch nicht ansatzweise, sondern soll die wesentlichen Regeln inhaltlich vorstellen und in ihrer praktischen Bedeutung erklären. In der Sache bestehen mehr oder weniger enge bzw. entfernte Bezüge zu den Neuregelungen des Behandlungsvertrages im BGB; die durch das Patientenrechtegesetz in das SGB V eingefügten Klauseln lassen insoweit kein in sich geschlossenes Konzept erkennen. 293

[171] S. Einleitung Rn. 12.

§ 1. Klärung von Leistungsansprüchen

294 Zum besseren Verständnis des nun neu in § 13 SGB V eingefügten Abs. 3a sei kurz auf die grundlegende Regelungssystematik zu Leistungsansprüchen des Versicherten eingegangen:

295 Der versicherte Patient kann grundsätzlich von seiner Krankenversicherung nur *Sach- und Dienstleistung* verlangen (sog. Sachleistungsprinzip), dh die Krankenkasse sorgt ihm gegenüber dafür, dass er – grundsätzlich[172] ohne hierfür unmittelbar bezahlen zu müssen – die notwendige ärztliche Behandlung, Krankenhausbehandlung, Medikation mit apothekenpflichtigen Arzneimitteln usw direkt bei den insoweit am Krankenversorgungssystem beteiligten Leistungserbringern (Vertragsärzte, zugelassene Krankenhäuser, Apotheken usw.) erhält. Diese Sachleistungen sind für den Versicherten regelmäßig auch ohne entsprechende gesonderte Antragstellung abrufbar, soweit sie zum Leistungskatalog in der Gesetzlichen Krankenversicherung zählen.

296 Weiter kann sich aber der Versicherte auch – stattdessen – grundsätzlich für das System der Kostenerstattung entscheiden, indem er dies durch Erklärung gegenüber seiner Krankenversicherung wählt. In diesen Fällen verauslagt der Versicherte die Honorarrechnungen selbst, bevor er Kostenerstattung von seiner Krankenkasse verlangt.

297 In Sonderfällen, also wenn eine Sach- und Dienstleistung nicht sicher erkennbar zum Sach- und Leistungskatalog gehört, oder in Fällen, in denen dies zweifelhaft ist, sieht das System in jedem Falle (also auch wenn der Patient generell Kostenerstattung gewählt hat) vor, dass die Krankenkasse auf Antrag des Versicherten darüber entscheiden kann, ob eine Übernahme erfolgt oder nicht. § 2 Abs. 1a SGB V regelt zB einen Sonderfall zum Sach- und Dienstleistungsanspruch, ohne dass dies abschließend wäre: *„Versicherte mit einer lebensbedrohlichen oder regelmäßig tödlichen Erkrankung oder mit einer zumindest wertungsmäßig vergleichbaren Erkrankung, für die eine allgemein anerkannte, dem medizinischen Standard entsprechende Leistung nicht zur Verfügung steht, können auch eine von Absatz 1 Satz 3 abweichende Leistung beanspruchen, wenn eine nicht ganz entfernt liegende Aussicht auf Heilung oder auf eine spürbare positive Einwirkung auf den Krankheitsverlauf besteht. Die Krankenkasse erteilt für Leistungen nach Satz 1 vor Beginn der Behandlung eine Kostenübernahmeerklärung, wenn Versicherte oder behandelnde Leistungserbringer dies beantragen. Mit der Kostenübernah-*

---

[172] Eine nennenswerte Ausnahme hierzu stellen die sog. Zuzahlungsregelungen dar, wonach der Patient sich – der Höhe nach eher symbolisch – an den entstehenden Kosten zu einem geringen Anteil beteiligt.

meerklärung wird die Abrechnungsmöglichkeit der Leistung nach Satz 1 festgestellt."

Hierzu korrespondiert nun der neue § 13 Abs. 3a SGB V, indem er dem Versicherten, wenn er einen Leistungsantrag stellt, eine zügige Bearbeitung gewährleisten will. Reagiert eine Krankenkasse nicht fristgerecht binnen drei Wochen nach Antragseingang, gilt die Genehmigung – kraft gesetzlicher Fiktion – als erteilt. Weiter ist nun vorgesehen, wenn sich der Versicherte dann – ohne eine schriftliche Leistungszusage in Händen (da es nur die gesetzliche Fiktionswirkung gibt) – die Leistung selbst beschafft, dass er dann einen Anspruch auf Erstattung der Kosten hat. **298**

Hinweis: Die Korrespondenz mit der Krankenkasse sollte möglichst mit Zustellungsnachweis aufbewahrt werden, um den Antragseingang bei der Kasse nachweisen zu können. **299**

§ 13 SGB V Kostenerstattung **300**

„(3a) Die Krankenkasse hat über einen Antrag auf Leistungen zügig, spätestens bis zum Ablauf von drei Wochen nach Antragseingang oder in Fällen, in denen eine gutachtliche Stellungnahme, insbesondere des Medizinischen Dienstes der Krankenversicherung (Medizinischer Dienst), eingeholt wird, innerhalb von fünf Wochen nach Antragseingang zu entscheiden. Wenn die Krankenkasse eine gutachtliche Stellungnahme für erforderlich hält, hat sie diese unverzüglich einzuholen und die Leistungsberechtigten hierüber zu unterrichten. Der Medizinische Dienst nimmt innerhalb von drei Wochen gutachtlich Stellung. Wird ein im Bundesmantelvertrag für Zahnärzte vorgesehenes Gutachterverfahren durchgeführt, hat die Krankenkasse ab Antragseingang innerhalb von sechs Wochen zu entscheiden; der Gutachter nimmt innerhalb von vier Wochen Stellung. **Kann die Krankenkasse Fristen nach Satz 1 oder Satz 4 nicht einhalten, teilt sie dies den Leistungsberechtigten unter Darlegung der Gründe rechtzeitig schriftlich mit. Erfolgt keine Mitteilung eines hinreichenden Grundes, gilt die Leistung nach Ablauf der Frist als genehmigt. Beschaffen sich Leistungsberechtigte nach Ablauf der Frist eine erforderliche Leistung selbst, ist die Krankenkasse zur Erstattung der hierdurch entstandenen Kosten verpflichtet.** Die Krankenkasse berichtet dem Spitzenverband Bund der Krankenkassen jährlich über die Anzahl der Fälle, in denen Fristen nicht eingehalten oder Kostenerstattungen vorgenommen wurden. Für Leistungen zur medizinischen Rehabilitation gelten die §§ 14, 15 des Neunten Buches zur Zuständigkeitsklärung und Erstattung selbst beschaffter Leistungen."

§ 2. Unterstützung bei Behandlungs- und Pflegefehlern

301 § 66 SGB V Unterstützung der Versicherten bei Behandlungsfehlern
Die Krankenkassen sollen die Versicherten bei der Verfolgung von Schadensersatzansprüchen, die bei der Inanspruchnahme von Versicherungsleistungen aus Behandlungsfehlern entstanden sind und nicht nach § 116 des Zehnten Buches auf die Krankenkassen übergehen, unterstützen.

302 Grundsätzlich hat ein Patient, unterstellt es liegt ein Behandlungsfehler vor, unmittelbare Schadensersatzansprüche gegen den Behandelnden, sei es aus Behandlungsvertrag und/oder aus Delikt. In der Rechtsfolge richten sich diese Schadensersatzansprüche auf Ersatz erlittener materieller Schäden (zB Heilbehandlungskosten, Verdienstausfall usw), aber auch auf Schmerzensgeldansprüche wegen immaterieller Beeinträchtigungen (zB Schmerzen). Bei gesetzlich versicherten Patienten gilt kraft Gesetzes nach § 116 SGB X,[173] dass Schadensersatzansprüche auf die Krankenkasse „automatisch übergehen", wenn diese bereits aus diesem Grund Leistungen zur Heilbehandlung erbracht hat, dh kraft Gesetzes wird die Krankenkasse insoweit Anspruchsinhaber und kann dann unmittelbar gegen den Behandelnden vorgehen. Keinen gesetzlich angeordneten Forderungsübergang gibt es jedenfalls hinsichtlich der Schmerzensgeldansprüche; faktisch sind mit den Schadensersatzansprüchen iSd § 66 SGB V daher vor allem diese Forderungen gemeint, hinsichtlich derer der Patient Anspruchsinhaber bleibt.

303 Die Vorschrift des § 66 SGB V gab es auch bisher schon, allerdings hieß es vormals „Die Krankenkassen *können* (…)". Neuerdings „sollen" die Krankenkassen den Versicherten zur Seite stehen, wenn es um die Verfolgung von Schadensersatzansprüchen aus Behandlungsfehlern geht. Nach dem juristisch in Normen des öffentlichen Rechts üblichen Sprachgebrauch heißt dies, dass die Krankenkassen **grundsätzlich die Verpflichtung** zur Unterstützung **haben,** also in Fällen des Verdachts auf Behandlungs-/Pflegefehler ihren Versicherten regelmäßig entsprechende Hilfestellungen zu geben haben.

304 Welche Unterstützung der Gesetzgeber genau meint, bleibt offen. Sie liegt jedenfalls nicht in einer evtl. Prozessfinanzierung,[174] wohl aber ist hiermit gemeint, dass die Krankenkasse ihr **hausintern greifbares**

---

173 § 116 Abs. 1 S. 1 SGB X: „Ein auf anderen gesetzlichen Vorschriften beruhender Anspruch auf Ersatz eines Schadens geht auf den Versicherungsträger oder Träger der Sozialhilfe über, soweit dieser auf Grund des Schadensereignisses Sozialleistungen zu erbringen hat, die der Behebung eines Schadens der gleichen Art dienen und sich auf denselben Zeitraum wie der vom Schädiger zu leistende Schadensersatz beziehen".

174 Kingreen/Becker/*Lang*, SGB V, Kommentar, 3. Aufl. 2012, § 66 Rn. 4: Dies ergibt sich aus der Entstehungsgeschichte der Norm (BT-Drs. 11/2237, 189).

Know-how bei der Beurteilung von Behandlungsfehlern zur Verfügung zu stellen hat, wie zB Auskünfte über Diagnose und übliche Therapie, aber auch eine Unterstützung durch Einbindung des medizinischen Dienstes der Krankenversicherung (MDK),[175] der ggf. für Krankenkassen auch medizinische Gutachten erstellt. Dem Patienten, dem ein solches Gutachten (unentgeltlich) weitergereicht wird, kann dies dabei helfen, die Erfolgsaussichten einer Arzthaftungsklage besser einzuschätzen.

Hinweis: Privat versicherte Patienten haben gegen ihren privaten **305** Krankenversicherer keinen vergleichbaren Rechtsanspruch. Auch hier empfiehlt es sich in der Sache jedoch, gerade wenn der Patient nicht über eine Rechtsschutzversicherung verfügt, im Vorfeld einer Arzthaftungsklage ein ärztliches Privatgutachten einzuholen, um das Prozessrisiko greifen zu können.

---

[175] § 275 Abs. 3 Nr. 4 SGB V nimmt hierauf Bezug: „Die Krankenkassen können in geeigneten Fällen durch den Medizinischen Dienst prüfen lassen, (…) 4. ob Versicherten bei der Inanspruchnahme von Versicherungsleistungen aus Behandlungsfehlern ein Schaden entstanden ist (§ 66)“.

§ 3. Verfahrensrechtliche Verbesserungen

306 Nur erwähnt seien die neu eingeführten verfahrensrechtlichen Verbesserungen, die gesetzlich versicherten Patienten dann zugute kommen können, wenn sie an sog. selektivvertraglichen Versorgungsmodellen teilnehmen, die ihre Krankenkasse ihren Versicherten potenziell anbieten kann, aber nicht muss. Gesetzlich Versicherte können freiwillig ihre Teilnahme an einem solchen Modell für einen bestimmten Zeitraum erklären (auch „Einschreibung" genannt); dies gilt zB für die sog. hausarztzentrierte Versorgung, die besondere ambulante ärztlichen Versorgung und die integrierte Versorgung (hierzu s. § 73b,[176] § 73c[177] SGB V

---

[176] § 73b SGB V: „(1) Die Krankenkassen haben ihren Versicherten eine besondere hausärztliche Versorgung hausarztzentrierte Versorgung) anzubieten.

(2) Dabei ist sicherzustellen, dass die hausarztzentrierte Versorgung insbesondere folgenden Anforderungen genügt, die über die vom Gemeinsamen Bundesausschuss sowie in den Bundesmantelverträgen geregelten Anforderungen an die hausärztliche Versorgung nach § 73 hinausgehen: 1. Teilnahme der Hausärzte an strukturierten Qualitätszirkeln zur Arzneimitteltherapie unter Leitung entsprechend geschulter Moderatoren, 2. Behandlung nach für die hausärztliche Versorgung entwickelten, evidenzbasierten, praxiserprobten Leitlinien, 3. Erfüllung der Fortbildungspflicht nach § 95d durch Teilnahme an Fortbildungen, die sich auf hausarzttypische Behandlungsprobleme konzentrieren, wie patientenzentrierte Gesprächsführung, psychosomatische Grundversorgung, Palliativmedizin, allgemeine Schmerztherapie, Geriatrie, 4. Einführung eines einrichtungsinternen, auf die besonderen Bedingungen einer Hausarztpraxis zugeschnittenen, indikatorengestützten und wissenschaftlich anerkannten Qualitätsmanagements.

(3) Die Teilnahme an der hausarztzentrierten Versorgung ist freiwillig. Die Teilnehmer verpflichten sich schriftlich gegenüber ihrer Krankenkasse, nur einen von ihnen aus dem Kreis der Hausärzte nach Absatz 4 gewählten Hausarzt in Anspruch zu nehmen sowie ambulante fachärztliche Behandlung mit Ausnahme der Leistungen der Augenärzte und Frauenärzte nur auf dessen Überweisung; die direkte Inanspruchnahme eines Kinderarztes bleibt unberührt. (…)".

[177] § 73c SGB V: „(1) Die Krankenkassen können ihren Versicherten die Sicherstellung der ambulanten ärztlichen Versorgung durch Abschluss von Verträgen nach Absatz 4 anbieten. Gegenstand der Verträge können Versorgungsaufträge sein, die sowohl die versichertenbezogene gesamte ambulante ärztliche Versorgung als auch einzelne Bereiche der ambulanten ärztlichen Versorgung umfassen. Für die personellen und sächlichen Qualitätsanforderungen zur Durchführung der vereinbarten Versorgungsaufträge gelten die vom Gemeinsamen Bundesausschuss sowie die in den Bundesmantelverträgen für die Leistungserbringung in der vertragsärztlichen Versorgung beschlossenen Anforderungen als Mindestvoraussetzungen entsprechend.

(2) Die Versicherten erklären ihre freiwillige Teilnahme an der besonderen ambulanten ärztlichen Versorgung durch nach Absatz 3 verpflichtete Leistungserbringer, indem sie sich schriftlich gegenüber ihrer Krankenkasse verpflichten, für die Erfüllung der in den Verträgen umschriebenen Versorgungsaufträge nur die vertraglich gebundenen Leistungserbringer und andere ärztliche Leistungserbringer nur auf deren Überweisung in Anspruch zu nehmen. (…)".

und § 140a[178] SGB V). Gestärkt wurde insbesondere das Widerrufsrecht, also kraft freier Entscheidung eine solche Teilnahmeerklärung auch wieder zurück zu ziehen, indem **zusätzliche Informationspflichten** der Krankenkassen unter genau bestimmten formalen Anforderungen (Textform)[179] eingeführt wurden.

§ 73b Abs. 3 S. 3, S. 4, S. 5 SGB V **307**

„(…) Die Versicherten können die Teilnahmeerklärung **innerhalb von** zwei Wochen nach deren Abgabe in Textform oder zur Niederschrift bei der Krankenkasse ohne Angabe von Gründen widerrufen. Zur Fristwahrung genügt die rechtzeitige Absendung der Widerrufserklärung an die Krankenkasse. Die Widerrufsfrist beginnt, wenn die Krankenkasse dem Versicherten eine Belehrung über sein Widerrufsrecht in Textform mitgeteilt hat, frühestens jedoch mit der Abgabe der Teilnahmeerklärung."

§ 73c Abs. 2 S. 2 SGB V **308**

„(…) Die Versicherten können die Teilnahmeerklärung **innerhalb von** zwei Wochen nach deren Abgabe in Textform oder zur Niederschrift bei der Krankenkasse ohne Angabe von Gründen widerrufen. Zur Fristwahrung genügt die rechtzeitige Absendung der Widerrufserklärung an die Krankenkasse. Die Widerrufsfrist beginnt, wenn die Krankenkasse dem Versicherten eine Belehrung über sein Widerrufsrecht in Textform mitgeteilt hat, frühestens jedoch mit der Abgabe der Teilnahmeerklärung. Wird das Widerrufsrecht nicht ausgeübt, ist der Versicherte an seine Teilnahmeerklärung mindestens ein Jahr gebunden."

§ 140a Abs. 2 S. 2 SGB V **309**

„(…) Die Versicherten können die Teilnahmeerklärung **innerhalb von** zwei Wochen nach deren Abgabe in Textform oder zur Niederschrift bei der Krankenkasse ohne Angabe von Gründen widerrufen. Zur Fristwahrung genügt die rechtzeitige Absendung der Widerrufserklärung an die Krankenkasse. Die Widerrufsfrist beginnt, wenn die Krankenkasse dem Versicherten eine Belehrung über sein Widerrufsrecht in Textform mitgeteilt hat, frühestens jedoch mit der Abgabe der Teilnahmeerklärung. § 73b Absatz 3 Satz 8 gilt entsprechend."

Mittelbar profitieren gesetzlich versicherte Patienten auch von folgenden Regelungen: **310**

In § 140f SGB V wurde das Mitberatungsrecht von Organisationen für Patienteninteressen erweitert.

---

[178] § 140a SGB V: „(1) Abweichend von den übrigen Regelungen dieses Kapitels können die Krankenkassen Verträge über eine verschiedene Leistungssektoren übergreifende Versorgung der Versicherten oder eine interdisziplinär-fachübergreifende Versorgung mit den in § 140b Abs. 1 genannten Vertragspartnern abschließen. Die Verträge zur integrierten Versorgung sollen eine bevölkerungsbezogene Flächendeckung der Versorgung ermöglichen. Soweit die Versorgung der Versicherten nach diesen Verträgen durchgeführt wird, ist der Sicherstellungsauftrag nach § 75 Abs. 1 eingeschränkt. Das Versorgungsangebot und die Voraussetzungen seiner Inanspruchnahme ergeben sich aus dem Vertrag zur integrierten Versorgung.

(2) Die Teilnahme der Versicherten an den integrierten Versorgungsformen ist freiwillig. (…)".

[179] S. hierzu bereits Rn. 186 zu § 126b BGB.

Ab 25.10.2013 werden – gerade zum Thema grenzüberschreitender Behandlungen innerhalb der EU – weitere Informationen seitens aller Gesetzlichen Krankenkassen, vertreten durch den Spitzenverband Bund der Krankenkassen, bereitgestellt, der sodann eine sog. nationale Kontaktstelle (§ 219d SGB V) als Anlaufstelle zu unterhalten hat.

311 § 219d SGB V Nationale Kontaktstelle

(1) Die Aufgaben der nationalen Kontaktstelle nach der Richtlinie 2011/24/EU des Europäischen Parlaments und des Rates vom 9. März 2011 über die Ausübung der Patientenrechte in der grenzüberschreitenden Gesundheitsversorgung (ABl. L 88 vom 4.4.2011, S. 45) nimmt der Spitzenverband Bund der Krankenkassen, Deutsche Verbindungsstelle Krankenversicherung – Ausland, ab dem 25. Oktober 2013 wahr. Sie stellt insbesondere Informationen über

1. nationale Gesundheitsdienstleister, geltende Qualitäts- und Sicherheitsbestimmungen sowie Patientenrechte einschließlich der Möglichkeiten ihrer Durchsetzung,
2. die Rechte und Ansprüche des Versicherten bei Inanspruchnahme grenzüberschreitender Leistungen in anderen Mitgliedstaaten
   und
3. Kontaktstellen in anderen Mitgliedstaaten zur Verfügung.

Die Deutsche Krankenhausgesellschaft, die Kassenärztliche Bundesvereinigung, die Kassenzahnärztliche Bundesvereinigung und die privaten Krankenversicherungen stellen der nationalen Kontaktstelle die zur Aufgabenerfüllung erforderlichen Informationen zur Verfügung. Soweit es zur Erfüllung ihrer Aufgaben erforderlich ist, darf die nationale Kontaktstelle personenbezogene Daten der anfragenden Versicherten nur mit deren schriftlicher Einwilligung und nach deren vorheriger Information verarbeiten und nutzen.

(2) Der Spitzenverband Bund der Krankenkassen, Deutsche Verbindungsstelle Krankenversicherung – Ausland, und die in Absatz 1 Satz 3 genannten Organisationen vereinbaren das Nähere zur Bereitstellung der Informationen durch die nationale Kontaktstelle gemäß Absatz 1 Satz 2 in einem Vertrag.

(3) An den zur Finanzierung der Aufgaben der nationalen Kontaktstelle erforderlichen Kosten sind die in Absatz 1 Satz 3 genannten Organisationen zu beteiligen. Das Nähere zur Finanzierung, insbesondere auch zur Höhe der jährlich erforderlichen Mittel, vereinbaren der Spitzenverband Bund der Krankenkassen, Deutsche Verbindungsstelle Krankenversicherung – Ausland, und die in Absatz 1 Satz 3 genannten Organisationen in dem Vertrag nach Absatz 2. Wird nichts Abweichendes vereinbart, beteiligen sich die privaten Krankenversicherungen zu 5 Prozent, die Deutsche Krankenhausgesellschaft zu 20 Prozent, die Kassenärztliche Bundesvereinigung zu 20 Prozent sowie die Kassenzahnärztliche Bundesvereinigung zu 10 Prozent an den zur Aufgabenerfüllung erforderlichen Kosten.

(4) Die in Absatz 1 Satz 2 genannten Informationen müssen leicht zugänglich sein und, soweit erforderlich, auf elektronischem Wege und in barrierefreien Formaten bereitgestellt werden.

(5) Die nationale Kontaktstelle arbeitet mit den nationalen Kontaktstellen anderer Mitgliedstaaten und der Europäischen Kommission in Fragen grenzüberschreitender Gesundheitsversorgung zusammen.

§ 4. Beschwerde- und Fehlermanagement in Krankenhäusern

Krankenhäuser trifft die Obliegenheit zu sachgerechtem Management. 312
Das Patientenrechtegesetz normiert nun in diesem Zusammenhang ausdrücklich Pflichten, ein Beschwerde- und Fehlermanagement einzurichten, und zwar **adressiert an alle Krankenhäuser,** außer reine Privat-Kliniken.[180]

Hierzu gehört bei stationär aufgenommenen Patienten nun **neuerdings** 313
nach § 135a Abs. 2 Nr. 2 SGB V ausdrücklich auch die **Pflicht zur Durchführung eines patienten-orientierten, einrichtungsinternen Beschwerdemanagements,** damit die Belange von Patienten und deren Angehörigen Beachtung finden können.

- Bisher hatten Krankenhäuser bereits tatsächlich – oftmals einrichtungsübergreifend – im Dienste eines nachhaltigen Risk-Managements auf freiwilliger Basis sog. CIRS (critical incident reporting systems) eingeführt. In der Sache handelt es sich um geeignete, meist virtuell betriebene Plattformen, die die anonyme Bekanntgabe von „Beinahe“-Fehlern und tatsächlichen Fehlern an all diejenigen eines zuvor abgesprochenen Adressatenkreises ermöglichen, die hieraus lernen wollen. Eine Teilnahme hieran war nicht verpflichtend. Wer in ein solches System – an sich anonym – Meldungen einspeist, sollte hinreichend vor Strafverfolgung geschützt sein, sofern es zur Selbst- oder Fremdbelastung kommt. Die Umstände oder fachmedizinischen Bezüge einer „Meldung“ können jedoch im Einzelfall Gefahr laufen, dass Handelnde bestimmten organisatorischen Einheiten zugeordnet werden können. Die Konzeption solcher Systeme unterliegt daher hohen technischen, aber auch rechtlichen Anforderungen.

Zentraler Kernpunkt der gesetzlichen Regelung zur Verbesserung des 314
Schutzes der Patienten ist nun weiter § 137 Abs. 1d SGB V, der den Auftrag an den Gemeinsamen Bundesausschuss enthält, Richtlinien zu erlassen, und zwar bis spätestens zwölf Monate nach Inkrafttreten des Patientenrechtegesetzes, also **bis spätestens 26.2.2014,** die Qualitätskriterien und Mindeststandards für eben diese einrichtungsinternen Risikomanagement- und Fehlermeldesysteme aufstellen. Dies soll die Verbreitung dieser Systeme weiter vorantreiben helfen.

Zu unterscheiden ist künftig die Pflicht zum einrichtungsinternen 315
und zum einrichtungsübergreifenden Beschwerde- und Fehlermanagement.

---

[180] Dies folgt nicht unmittelbar aus dem Gesetzestext, aber aus dem Gesamtregelungskontext; vgl. nur der Bezug von § 137c Abs. 1d SGB V auf § 17b Abs. 1 S. 5 KHG.

I. Einrichtungsintern

316 § 135a SGB V Verpflichtung zur Qualitätssicherung

(…)

(2) Vertragsärzte, medizinische Versorgungszentren, zugelassene Krankenhäuser, Erbringer von Vorsorgeleistungen oder Rehabilitationsmaßnahmen und Einrichtungen, mit denen ein Versorgungsvertrag nach § 111a besteht, sind nach Maßgabe der §§ 137 und 137d verpflichtet, (…)

2. einrichtungsintern ein Qualitätsmanagement einzuführen und weiterzuentwickeln, wozu in Krankenhäusern auch die Verpflichtung zur Durchführung eines patientenorientierten Beschwerdemanagements gehört.

(…)

§ 137 SGB V Richtlinien und Beschlüsse zur Qualitätssicherung

(…)

(1d) Der Gemeinsame Bundesausschuss bestimmt in seinen Richtlinien über die grundsätzlichen Anforderungen an ein einrichtungsinternes Qualitätsmanagement nach Absatz 1 Nummer 1 erstmalig bis zum … [einsetzen: Datum zwölf Monate nach Inkrafttreten nach Artikel 5 dieses Gesetzes] wesentliche Maßnahmen zur Verbesserung der Patientensicherheit und legt insbesondere Mindeststandards für Risikomanagement- und Fehlermeldesysteme fest. Über die Umsetzung von Risikomanagement und Fehlermeldesystemen in Krankenhäusern ist in den Qualitätsberichten nach Absatz 3 Nummer 4 zu informieren. (…)

317 Ausweislich der Gesetzesbegründung[181] richtet sich § 135a Abs. 2 Nr. 2 SGB V **an das jeweilige einzelne Krankenhaus,** dh der Klinikträger muss sich an den speziellen Klinikverhältnissen ausrichten und Folgendes ermöglichen:

- Information über die Beschwerdemöglichkeiten vor Ort,
- die Sicherstellung einer zügigen und transparenten Bearbeitung von Beschwerden,
- die Unterrichtung über das Ergebnis und mögliche Konsequenzen sowie
- das Erfordernis klarer Kommunikation der Kompetenzzuweisungen der jeweils hausintern mit dem Beschwerdemanagement betrauten Personen.

318 Im Gesetz findet sich allerdings keine Sanktion angeordnet, was eigentlich passiert, wenn der Krankenhausträger hier nicht in die angedachte Richtung aktiv wird. Allein aus diesem Versäumnis werden Patienten keine Rechte herleiten können.

II. Einrichtungsübergreifend

319 § 135a SGB V Verpflichtung zur Qualitätssicherung

(…)

---

[181] BT-Drs. 17/10488, 51.

(2) Vertragsärzte, medizinische Versorgungszentren, zugelassene Krankenhäuser, Erbringer von Vorsorgeleistungen oder Rehabilitationsmaßnahmen und Einrichtungen, mit denen ein Versorgungsvertrag nach § 111a besteht, sind nach Maßgabe der §§ 137 und 137d verpflichtet,

1. sich an einrichtungsübergreifenden Maßnahmen der Qualitätssicherung zu beteiligen, die insbesondere zum Ziel haben, die Ergebnisqualität zu verbessern und (…)

(…)

§ 137 SGB V Richtlinien und Beschlüsse zur Qualitätssicherung

(…)

(1d) (…)Als Grundlage für die Vereinbarung von Vergütungszuschlägen nach § 17b Absatz 1 Satz 5 des Krankenhausfinanzierungsgesetzes bestimmt der Gemeinsame Bundesausschuss Anforderungen an einrichtungsübergreifende Fehlermeldesysteme, die in besonderem Maße geeignet erscheinen, Risiken und Fehlerquellen in der stationären Versorgung zu erkennen, auszuwerten und zur Vermeidung unerwünschter Ereignisse beizutragen.

(…)

In der Sache geht es, so die Gesetzesbegründung,[182] um die Konkreti- 320
sierung der Mindeststandards, dh inwiefern ist bei einer Maßnahme der kontinuierlichen Verbesserung der sog. **P**lan-**D**o-**C**heck-**A**ct-Zyklus vollständig zu durchlaufen, insbesondere: Wie fließen Erfahrungen der Patienten angemessen ein, und wie kommt es zur Weiterentwicklung bisheriger Festlegungen zur Patientensicherheit.

An weiterem Anreiz sieht § 137 Abs. 1d S. 3 SGB V vor, dass der 321
Gemeinsame Bundesausschuss dann auch Voraussetzungen für einen *zusätzlichen* Vergütungszuschlag bei **Beteiligung an einrichtungs*übergreifenden* Fehlermeldesystemen** regeln kann. Hierzu korrespondiert auch die Neuregelung in § 17b Abs. 1 S. 5 Krankenhausfinanzierungsgesetz (KHG).

§ 17b KHG Einführung eines pauschalierenden Entgeltsystems für DRG-Kranken- 322
häuser

(1) (…) Für die Beteiligung der Krankenhäuser an Maßnahmen zur Qualitätssicherung auf der Grundlage des § 137 des Fünften Buches Sozialgesetzbuch und die Beteiligung ganzer Krankenhäuser oder wesentlicher Teile der Einrichtungen an einrichtungsübergreifenden Fehlermeldesystemen, sofern diese den Festlegungen des Gemeinsamen Bundesausschusses nach § 137 Absatz 1d Satz 3 des Fünften Buches Sozialgesetzbuch entsprechen, sind Zuschläge zu vereinbaren; diese können auch in die Fallpauschalen eingerechnet werden.

III. Strafrechtliche Bezüge

Grundsätzlich ist zwar zu begrüßen, wenn aus Fehlern (anderer) gelernt 323
werden soll. Eine kritische Nabelschau kann im Ergebnis nur zu einer

---

[182] BT-Drs. 17/10488, 52.

Qualitätsverbesserung und Erhöhung des Sicherheitsstandards für alle Beteiligten führen. Hier kann es jedoch sehr schnell zu auch rechtlich nicht unkritischen Konstellationen kommen, gerade wenn strafrechtlich relevante Verhaltensweisen zum Gegenstand der Lernfelder innerhalb des CIRS werden; hier kann ein Zuviel an Transparenz den an einem gemeldeten Zwischenfall Beteiligten sehr wohl schaden: Nicht immer wird eine Anonymisierung der Behandelnden – man denke nur an seltene Fachrichtungen, die innerhalb bestimmter Häuser schnell persönliche Zuordnungen ermöglichen – hinreichend helfen. Die Strafverfolgungsbehörden unterliegen hier an sich auch keiner Zurückhaltungspflicht (zB Beschlagnahme von Festplatten).

324 § 135a SGB V Verpflichtung zur Qualitätssicherung

(...)

(3) Meldungen und Daten aus einrichtungsinternen und einrichtungsübergreifenden Risikomanagement- und Fehlermeldesystemen nach Absatz 2 in Verbindung mit § 137 Absatz 1d dürfen im Rechtsverkehr nicht zum Nachteil des Meldenden verwendet werden. Dies gilt nicht, soweit die Verwendung zur Verfolgung einer Straftat, die im Höchstmaß mit mehr als fünf Jahren Freiheitsstrafe bedroht ist und auch im Einzelfall besonders schwer wiegt, erforderlich ist und die Erforschung des Sachverhalts oder die Ermittlung des Aufenthaltsorts des Beschuldigten auf andere Weise aussichtslos oder wesentlich erschwert wäre.

325 Dies versucht nun die Regelung in § 135a Abs. 3 SGB V aufzufangen, indem sie – in der Sache angelehnt an die Regelung in § 630c Abs. 2 S. 3 BGB – den Meldenden vor einer Beweiserhebung und schließlich -verwertung zu seinen Lasten schützt, sofern die Meldungen und Daten ihn „im Rechtsverkehr" belasten könnten. Anders als in der BGB-Regelung zugunsten der Behandelnden reicht hier der Schutzschild weiter, da nicht nur straf- und ordnungswidrigkeitenrechtlich, sondern auch vor allem zivil- (einschließlich arbeitsrechtlich), berufsrechtlich, vertragsarzt- und beamtenrechtlich umfassend das Beweisverbot gelten soll. Eine Einschränkung gilt allerdings für besonders schwerwiegende Straftaten, die mit mehr als fünf Jahren Freiheitsstrafe bedroht[183] sind, wobei hier noch „Verdunkelungsgefahr" hinzutreten müsste: In diesem Extremfall greift die Privilegierung einer Mitwirkung zu einem Fehlervermeidungssystem nicht.[184]

326 **Hinweis:** Die tatsächliche und rechtliche Sicherung von CIRS gegen Missbrauch aller Art unterliegt aufgrund der Komplexität der Materie und Querverbindungen zum IT-Recht (einschließlich Datenschutzrecht) und Strafprozessrecht hohen Sorgfaltsanforderungen.

---

[183] ZB (versuchter) Totschlag iSd § 212 StGB oder § 225 StGB (Misshandlung von Schutzbefohlenen). Nicht jedoch, da Freiheitsstrafe unter fünf Jahren, zB: § 216 StGB (Tötung auf Verlangen), § 218b StGB (Schwangerschaftsabbruch ohne ärztliche Feststellung), § 226 StGB (Schwere Körperverletzung).

[184] Beschlagnahmt zB die Staatsanwaltschaft aus gegebenem Anlass die Festplatte, auf der das CIRS gespeichert ist, würde diese Regel greifen.

4. Abschnitt. Checklisten für die Praxis

Die nachfolgenden Checklisten erheben keinen Anspruch auf Vollständigkeit. Sie fassen vielmehr vor allem die grundlegenden Erkenntnisse aus den vorstehenden Abschnitten zusammen – und zwar aus den sich gegenüberstehenden Perspektiven „Behandelnder und Patient“: 327

328

§ 1. Qualitätsmanagement für Patientenrechte (Behandelnder)

I. Entscheidung zu organisatorischen Rahmenbedingungen

1. Qualitätsgesicherte elektronische Patientenakte? Einsichtnahme wie und wo möglich?
2. Verwendung von Formularen anlässlich der Aufklärung? Management zeitlicher und organisatorischer Ablauf der Aufklärung (Abstand zum Eingriffstermin, Vorgehen bei Dauerbehandlung mit sich wiederholenden Eingriffen, Delegation der Aufklärung an befähigte ärztliche Kollegen, Abstimmung verschiedener Fachrichtungen, Zuziehung erforderlicher Dolmetscher)
3. Mehrere Behandelnde: Eindeutige Verantwortlichkeiten (einschließlich vorhandene Befähigung) für nachfolgend II.–IV. klären
4. Aufbewahrung Patientenakte: Je nach Art der Dokumentation Qualitätssicherung der Lesbarkeit
5. Worst-Case/Fehler-Management: Masterplan zur Offenbarung von eigenen Behandlungsfehlern (Formulierung, Setting)

II. Abschluss des Behandlungsvertrages

1. Schriftformerfordernis (= eigenhändige Unterschrift beider Parteien, Behandelnder und Patient): bei IGeL, Vereinbarung abweichender Gebührenhöhe (GOÄ), im Krankenhaus: Wahlleistungsvereinbarung
2. Inhaltliche Klärung: bei Abweichung vom Behandlungsstandard (Neuland-, Außenseitermethoden)
3. Information des Patienten: Basis-Informationen zum Behandlungsverlauf, Hinweise zur Compliance, Wirtschaftliche Aufklärung (insbesondere bei IGeL); im Verzichtsfall: Dokumentation des Informationsverzichts

III. Phase der konkreten Behandlung

1. Dokumentation in Patientenakte: In unmittelbarem zeitlichem Zusammenhang mit Datum der Eintragung, Streichungen müssen ursprünglichen Text erkennen lassen, fachmedizinisch erforderlicher Inhalt (insbesondere Anamnese, Diagnosen, Untersuchungen, Untersuchungsergebnisse, Befunde, Therapien und ihre Wirkungen, Eingriffe und ihre Wirkungen) einschließlich der Tatsache durchgeführter Aufklärungen und erteilter Einwilligungen (ggf. auch: Patientenverfügung), Arztbriefe im Original, und, falls verwendet und abschriftlich (in Kopie) ausgehändigt, vom Patienten unterzeichnete Aufklärungsunterlagen im Original

2. Vollständigkeit der Patientenakte (Routinekontrolle), Organisation der Gewährung von Einsicht (einschließlich Prüfung, ob Akte oder Teile der Akte zurückgehalten werden) und Erstellung von Abschriften/Kopien (gegen Entgelt)
3. Eingriffsaufklärung: Inhalt fachmedizinisch orientiert (Selbstbestimmungs- und Sicherungsaufklärung), Doppelte Dokumentation (erfolgte Aufklärung **und** erklärte Einwilligung in den Eingriff), bei Einwilligungsunfähigkeit (eines Erwachsenen: Patientenverfügung greifbar (Prüfung der Rechtswirksamkeit)? falls nein:) Einbeziehung von Stellvertretern (Vorsorgebevollmächtigter, Betreuer oder gesetzliche Vertreter), ggf. Aufklärung auch des einwilligungsunfähigen Patienten

IV. Obliegenheiten nach dem Eingriff

1. Aktueller Anlass für Information über Behandlungsfehler: Nachfrage des Patienten und/oder Gesundheitsgefahr für Patienten
2. Aufbewahrung Patientenakte für zehn Jahre ab Beendigung der Behandlung, auch Sicherstellung des Vollzugs von Vernichtungspflichten
3. Im Krankenhaus: Einrichtungsinternes Beschwerdemanagement, fakultativ Beteiligung an einrichtungsübergreifendem Fehlermanagement (CIRS)
4. Prüfung von Auskunfts-, Informations- und sonstigen Herausgabeansprüchen
5. Kooperation mit der Berufshaftpflichtversicherung: Meldung eines Versicherungsfalles, Schilderung des streitgegenständlichen Sachverhalts (idealerweise anhand Gedächtnisprotokoll) und eigene medizinische Würdigung
6. Kooperation mit anwaltlicher Vertretung
7. Bereitschaft zur Teilnahme an einem Mediationsverfahren

329

§ 2. Durchsetzung von Rechtsansprüchen (Patient)

I. Abschluss des Behandlungsvertrages

1. Text- bzw. Schriftform einfordern, Unterlagen aufbewahren
2. Klärung wirtschaftlicher Fragen zur Kostenübernahme der Krankenversicherung
3. Klärung von Leistungsansprüchen gegenüber Krankenkasse
4. Hinweis auf evtl. vorhandene Patientenverfügung oder Vorsorgevollmacht, Aushändigung Abschrift oder Benennung einer Kontaktperson (ebenso für Erklärung zur Organ- und Gewebespende)

II. Vor, während und nach der Behandlung

1. Kooperation mit dem Behandelnden, Mitteilung besonderer Umstände (zB bekannte Infektionen oder Unverträglichkeiten, Allergien etc.)
2. Frage nach potenziellen Therapiealternativen
3. Erkundigung nach Sicherungsmaßnahmen, Behandlungsverlauf
4. In Zweifelsfällen: Rückfrage beim Arzt unmittelbar nach dem Eingriff; Rückversicherung, dass keine gesundheitlichen Gefahren bestehen bzw. Einfordern von Auskünften

III. Einsichtnahme in die Patientenakte, sofern voraussichtlicher Prüfungsbedarf

1. Vereinbarung eines Termins zur Einsicht oder Herausverlangen von Kopien (gegen Erstattung der Kopierkosten)
2. Bei verstorbenem Patienten: Vorlage des Erbscheins, Nachweis der Legitimation durch Erben bzw. nächste Angehörige

IV. Konkrete Prüfung

1. Prüfung der Patientenunterlagen mit sachverständiger Begleitung (ärztlicher Privatgutachter)
2. Ansatzpunkte für (grobe) Behandlungsfehler?
3. Ansatzpunkte für Organisationsverschulden?
4. Ansatzpunkte für Dokumentationsfehler?
5. Ansatzpunkte für Aufklärungsfehler?
6. Gesetzlich Versicherter: Information der Krankenkasse mit der Bitte um Unterstützung bei der Anspruchsprüfung (zB Anregung der Einholung eines MDK-Gutachtens)

V. Weiteres Vorgehen

1. Beschwerde an Krankenhausträger
2. Einholung von Privatgutachten (Prozessvorbereitung)
3. Sorgfältige Prüfung nach Klärung des Sachverhalts, Vor- bzw. Zwischenfalls
4. Wer hat behandelt? Mit wem wurde ein Behandlungsvertrag geschlossen? Mit wem nicht?
5. Kontaktaufnahme mit dem/den Behandelnden und Information über Gesprächs- und Klärungsbedarf bzw. über die erhobenen Ansprüche
6. Korrespondenz mit dem von Behandelndenseite eingeschalteten (Berufs-)Haftpflichtversicherer
7. Versuch, bei evtl. Verhandlungen Inhalte des vom (Berufs-)Haftpflichtversicherer intern eingeholten Sachverständigengutachtens zu erfahren (Kenntnis abweichender fachmedizinischer Einschätzung hilft Prozessrisiko einzuschätzen)
8. Bei nicht erreichter Verständigung: ggf. Einschaltung der Schlichtungsstelle (bei den Landesärztekammern)
9. Einschaltung Rechtsanwalt: (spätestens) zur Klagevorbereitung
10. Ggf. Durchführung eines Mediationsverfahrens

Stichwortverzeichnis

Sonntag

Dr. med. vet. Michael Rakow

- Landwirtschaftliche Lehre
- 1967–1972: Studium der Veterinärmedizin
- 1975: Promotion
- 1974–2008: eigene Großtierpraxis, zuletzt mit Schwerpunkt auf homöopathische Behandlung von Pferden
- seit 1977: Fort- und Weiterbildung Homöopathie, Human- und Veterinärmedizin; wichtigster Lehrer: Mathias Dorcsi
- seit 1979: Referententätigkeit
- 1982: Zuatzbezeichnung Homöopathie
- 1990–1998: Mitbegründer und Dozent bei der Clemens-von-Bönninghausen-Akademie
- seit 1995: Mitglied der HAB-Kommision
- 2002: Gründung und Studienleiter der Europ. Akademie für Veterinärhomöopathie (EAVH): Kurssystem einer 2½-jährigen Weiterbildung für Tierärzte
- diverse Veröffentlichungen und Bücher
- seit 2008 im Ruhestand

In Dankbarkeit meiner Frau gewidmet